KB154248

사 변 적   은 혜

사변적 은혜 : 브뤼노 라투르와 객체지향 신학
Speculative Grace : Bruno Latour and Object-Oriented Theology

지은이	애덤 S. 밀러
옮긴이	안호성
펴낸이	조정환
책임운영	신은주
편집	김정연
디자인	조문영
홍보	김하은
프리뷰	안진국 · 정제기
초판 인쇄	2024년 5월 23일
초판 발행	2024년 5월 27일
종이	타라유통
인쇄	예원프린팅
라미네이팅	금성산업
제본	바다제책
ISBN	978-89-6195-349-8 93100
도서분류	1. 객체지향 철학 2. 종교철학 3. 사변적 실재론
값	18,000원
펴낸곳	도서출판 갈무리
등록일	1994. 3. 3.
등록번호	제17-0161호
주소	서울 마포구 동교로18길 9-13 2층
전화	02-325-1485
팩스	070-4275-0674
웹사이트	www.galmuri.co.kr
이메일	galmuri94@gmail.com

일러두기

1. 이 책은 Adam S. Miller, *Speculative Grace : Bruno Latour and Object-Oriented Theology*, New York : Fordham University Press, 2013 을 완역한 것이다.
2. 인명, 책 제목, 논문 제목, 전문 용어 등 고유명사의 원어는 맥락을 이해하는 데 원어가 꼭 필요하다고 생각되는 경우를 제외하고는 본문에서 원어를 병기하지 않았으며 찾아보기에 모두 수록하였다.
3. 단행본, 전집, 정기간행물에는 겹낫표(『』)를, 논문에는 홑낫표(「」)를 사용하였다.
4. 영어판에서 이탤릭체로 강조된 것은 고딕체로 표기하였다.
5. 번역어 중 대안 번역어가 있지만 원문과의 관련성을 위해 다른 번역어를 사용한 경우에는 대괄호([ ])를 사용하여 대안 번역어를 추가하였다(ex. 클리셰[진부한 것]).
6. 원서의 대괄호는 [ ]를 사용하였다.
7. 한국어 독자를 위해 저자가 작성한 한국어판 서문으로 옮긴이의 서문을 갈음한다는 옮긴이의 뜻에 따라 별도의 옮긴이 후기는 싣지 않는다.

차례

사변적 은혜

잭을 위하여

무언가를 번역하는 작업이 마치 한 주전자에서 다른 주전자로 물을 붓는 것과 같은 무손실 형태의 번역일 가능성을, 즉 자기-동일성을 담지한 내용을 한 언어에서 다른 언어로 깔끔하게 전달할 가능성을 상상하고 싶은 유혹이 있다. 이 유혹의 기저에 있는 꿈은 이것이다. 즉, 설령 주전자는 다를지라도 최소한 물은 같을 수 있다는 것이다.

그런데 이것은 꿈이다. 그리고 브뤼노 라투르의 강한 저항이 시사하듯, 좋은 꿈인 것도 아니다.

사실, 무손실 형태의 번역을 상상한다는 것은 구성·창조·연결하는 번역의 힘을 빼앗긴 형태의 번역을 상상하는 것이다. 무손실 형태의 번역을 상상한다는 것은 상실과 우연성의 부재 속에서 구원의 은혜로 기능할 수 있는 그 힘을 빼앗긴 번역의 형태를 상상하는 것이다.

적절하게 재구성된 "번역"의 개념은 수십 년 전 라투르가 디종에서 그레이로 가는 길에 그를 강타했던 계시의 힘, 즉 비환원의 원리라는 원래의 공리를 적용·활용·확장해 왔던 라투르의 오랜 시도가 지닌 의미를 밝혀주는 만능 열쇠라고 해도 과언이 아니다. 라투르는 그를 인도하는 이러한 방법론적 원리를 다음과 같이 요약한다. "어떤 것도 그 자체로 다른 어떤 것으로 환원 가능하거나 불가능하거나 한 것이 아니다"(PF 158).

이 원리에 비추어 볼 때 우리는 번역이 가능하다는 점을 확인할 수 있다. 그런데 모든 번역에는 손실과 이득이 모두 수반된다. 원본의 무언가가 언제나 그 번역에 대해 비환원적이다. 그리고 번역의 무언가가 언제나 그 원본에 대해 비환원적이다. 이런 방식으로, "흔적을 번역할 때마다 … 무언가를 얻는다"(SA 236).

라투르의 비환원 원리는 번역의 본성을 두 가지 중요한 방식으로 재고하게 한다. 첫째, 비환원의 원리는 번역을 치환의 한 형태로 생각하지 못하게 한다. 오히려 이 모델은 가산 또는 접합이다. 번역한다는 것은 접합한다는 것이며, 궁극적으로 모든 형태의 사고는 번역의 한 형태이다. 사고는 복잡성의 끈을 단순화하는 것이기보다는 그 끈에 복잡성을 하나 더 추가함으로써 그 작업을 완수하는 번역이다.

번역은 원본을 깔끔하게 치환하는 것이 아니라 원본을 의식적으로 변형하는 것이며, 이 변형은 새로운 것을 추가함으로써 달성될 따름이다. 이런 종류의 작업은 "유사성보다는 일련의 조절된 변형·변용·번역"에 의존한다(PH 58). 요컨대, 번역은 A를 B로 치환하는 것이 아니라 A를 B에 더하는 것이다. 번역은 그것이 반영하는 사슬의 또 다른 연결고리이다. 번역은 그것이 기도하는 묵주에 구슬을 하나 더 추가한다.

결론적으로 라투르는 일종의 "구성주의자"라고 할 수 있다. 모든 번역 행위는 창조 또는 구성 행위이다. 그리고 언제나 첨가적인 변형이 요구되기에, 번역 작업은 그 객체를 충실히 반영하는 것만으로는 결코 성공할 수 없다. 이런 방식으로, 번역에 관한 라투르의 이해는 반실재론, 상대주의, 심지어 허무주의의 한 형태가 될 위험이 있다. 또는 적어도, 라투르가 번역을 엄밀한 의미에서의 인식론적 몸짓이라고 생각한다면 반실재론의 한 형태가 될 위험을 짊어질 것이다. 그러나 라투르는 언제나 번역 작업을 단순히 인식론적인 것이 아니라 존재론적인 것으로 취급할 것을 주장한다. 이것은 비환원의 원리가 우리에게, 번역에 성패가 달려있는 것이 무엇인지를 재고하게 만드는 두 번째 중요한 방식이다. "의미의 세계와 존재의 세계는 하나이자 동일한 세계, 번역의 세계이다"(WM 129).

만약 실재 자체가 무손실에 단순하다면, 이 세계를 아는, 첨가적이고 복잡한 비환원성을 포함하는 방식은 그 실재에 대한 배반이 될 것이다. 이는 일종의 반실재론에 이른다. 하지만 라투르는 이 전제를 거부한다. 그는 실재가 손실되지 않으며 단순하다는 생각을 거부한다. 그 대신, 그는 실재 자체가 복합적이고 비환원적인 복잡성으로 구성되어 있다고 가정하는 형이상학적 원리로서 비환원의 원리를 주장한다. 그리고 우리가 이용할 수 있는 모든 증거는 이를 뒷받침하는 것처럼 보인다. 만약 실재 자체가 복합적이고 비환원적인 복잡성으로 구성되어 있다면, 실재에 관여하는 유일하게 인식론적으로 **충실한** 방법은 이 동일한 작업에 참여하는 것이다. 만약 실재 자체가 구성적이라면, 라투르의 구성주의는 반실재론의 한 형태가 아니라 유일하게 합법적인 형태의 인식론적 실재론일 수 있다. 그리고 반대로, 만약 실재 자체가 구성적이라면, 손실 없는 표상을 열망하고 또 추구하는 전통적인 형태의 인식론적 실재론은 그 자체로, 허무주의적 형태의 반실재론임이 틀림없다.

그렇다면 명백하게 참인 것처럼 보이는 것부터 시작하면 어떨까? 라투르의 요청처럼, 실재가 실제로 그렇게 나타나는 것처럼 지저분하고 복잡하며 비환원적이라는 가정에서 출발하는 것이 어떨까?

우리가 이 책에서 반복해서 배운 것을 단호하게 인식하는 것이 어떻겠는가? 행위는 그 행위가 작용하는 것에 의해 약간 추월당한다는 것, 행위는 번역을 통해 표류한다는 것, 실험은 실험에 대한 입력보다 약간 더 많은 것을 제공하는 사건이라는 것, 매개의 사슬은 원인에서 결과로 노력 없이 넘어가는 것과는 다르다는 것, 오묘하고 다양한 변형*trans*-formation을 통하지 않고 정보*in*-formation 전달은 절대 일어나지 않는다는 것, 형상 없는 물질에 범주를 부여하는 것은 없다는 것, 기술의 영역에서는 아무도 통솔하지 않는데, 기술이 통솔하기 때문이 아니라 진정으로 아무도, 아무것도, 심지어 익명의 힘의 장도 통솔하지 않기 때문이라는 것, 이것들은 모두 이 책에서 반복적으로 배운 것이다. 통솔하거나 장악하는 것은 인간의 특성도, 비

인간의 특성도, 심지어는 신의 특성도 아니다. (PH 298)

정말로 통솔할 자가 아무도, 아무것도 없다면 어떨까? 신조차 아니라면 어떨까?

모든 것을 잃게 될까? 진리는 역사에서 벗어나게 될까? 실재는 무너질까? 종교는 헛된 것이 될까? 은혜와 구원은 무의미해질까?

원래 나는 바로 이러한 물음을 시험해 보기 위한 실험적 틀로서 2013년에 이 책을 저술했다. 라투르의 목소리에 내 목소리를 더하고 그 과정에서 그의 목소리를 변형하면서, 나는 그 자체로 비환원적인, 국소적이고 다수적인 세계를 배경으로 은혜가 생산적이고 구원적으로 재주조될 수 있다는 전제에 관한 탐구로 이 책을 구성했다.

10년 이상이 지난 지금, 나는 이 책이 다시 한번 변형을 거치게 되어 기쁘다. 언젠가 나는 라투르의 사유에 대한 내 번역을 추가했다. 이제 안호성 번역가가 직접 번역한 『사변적 은혜』는 갈무리 출판사를 통해 세상에 모습을 드러내고, 그 접합에 구슬이 하나 더 꿰어짐으로써 접합은 다시 한번 변형을 거친다.

이 과정에서 비환원적인 무언가가 상실되었을 것이다. 언제나 무언가를 잃어버린다. 그러나 비환원적인 무언가를 얻기도 했을 것이다. 그리고 나는 그렇게 얻은 것이 진정한 은혜가 되리라고 믿어 의심치 않는다.

은혜가 은혜에 영원히 더해지기를.

그 기도가 계속 치솟으며 끝나지 않고 또 끝날 수도 없기를.

2024년 4월 24일
애덤 S. 밀러

··· 결국, 오직 신학자만이 진정으로 무신론적일 수 있다···.

— 자크 라캉

객체지향 존재론Object-Oriented Ontology(이하 OOO)은 그레이엄 하먼의 저작에서 시작된 이래로 신학과 불편한 관계를 유지해 왔다.[1] OOO는 매체 연구, 문학 비평, 민족지학, 예술 비평, 역사, 생물학, 수사학 등 다양한 분야에서 영향력을 발휘해 왔지만, 객체지향 신학 같은 것이 어떻게 가

1. "객체지향 철학"이라는 용어는 그레이엄 하먼이 그의 저서 『도구–존재 : 하이데거와 객체의 형이상학』에서 제창한 것이다. "객체지향 철학"(Object-Oriented Philosophy)은 하먼의 객체 형이상학이라는 특수한 철학을 지시하며, "객체지향 존재론"(OOO)은 존재자가 객체 또는 실체로 구성되어 있다고 주장하는 모든 형이상학을 가리킨다. 따라서 객체지향 존재론과 객체지향 철학의 관계는 유와 종의 관계에 해당한다. 존재자가 실체로 구성되어 있다고 주장하는 형이상학은 객체지향 존재론이지만, 다양한 철학이 서로 다른 상반된 방식으로 객체를 이론화한다. 객체지향 존재론은 아리스토텔레스, 라투르, 하먼, 그리고 그 외 수많은 사상가의 형이상학만큼이나 다양하다.

능한지는 알기 어려웠다. 실제로, 현재 독자 앞에 놓여 있는 책이 출판되기 전까지 OOO와 신학은 서로 상충할 운명인 것처럼 보였다. 비록 OOO의 여러 정식화는 객체들의 존재를 이론화하는 방식에서 서로 다르지만, 객체지향 존재론의 지배적인 계통[2]은 존재자가 객체들 또는 실체들로 구성되어 있고, 객체는 다른 객체와 맺는 관계와 독립적으로 존재하며, 객체들이 직접적으로 관계하지 않도록 서로로부터 물러난다고 주장하는 점에서 통합된다. 그 귀결로, OOO의 다양한 변종은, 그 명시성의 정도는 서로 다르지만, 모든 객체를 동등한 존재론적 기반에서 존재하는 것으로 취급하는 "평평한 존재론"flat ontology을 옹호하는 경향이 있다.[3] 평평한 존재론의 틀 내부에서, 하나의 객체는 다른 객체보다 더 큰 힘과 영향력을 행사할 수 있지만, 다른 모든 객체 위에 군림하는 주권자나 다른 모든 객체와

---

2. 현시점에서, 객체지향 존재론의 지배적인 계통은 이언 보고스트(에일리언 현상학), 레비 브라이언트(존재자론[onticology]), 그레이엄 하먼(객체지향 철학), 티머시 모턴(어두운 생태학)의 작업으로 구성되어 있다.

3. 평평한 존재론에 관한 자세한 논의는 Levi Bryant, *The Democracy of Objects* (Ann Arbor, Mich. : Open Humanities Press, 2011), 245~90 [레비 브라이언트, 『객체들의 민주주의』, 김효진 옮김, 갈무리, 2021]을 참고하라.

종류가 다른 객체는 없다.

　이러한 핵심적 주장은 OOO와 신학 사이에 긴장을 생성한다. 역사적으로 서양신학은 유신론, 이신론理神論, 범신론이라는 선택지를 제공했다. 유신론은 환원주의로 빠질 위험을 무릅쓰고, 세계를 설계하고 창조하며 물리법칙을 위반하는 기적적인 방식으로 세계에 개입할 수 있는 인격신, 그래서 개인의 복지에 관심을 가지고 기도에 응답하는 인격신의 현존을 주장한다. 이와 대조적으로, 이신론은 비록 신이 자연법칙을 설계하고 우주를 창조했지만, "자신의" 창조물이 스스로 자신을 펼치도록 풀어놓았다고 주장한다. 그리하여 이신론적 신은 기도에 응답하지 않고 기적적인 방식으로 개입하지도 않는다. 마지막으로 범신론은 신과 자연이 하나이자 같은 것이며, 신은 물리법칙에 따라 자연이 펼쳐지는 것일 뿐이고, 각각의 존재자는 신의 표현이자 신의 요소라고 주장한다. 이 신학들 각각은 신이 전능하고 전지하며 무한하다는 테제를 공유하는 경향이 있다. 그리고 범신론을 제외하고 이러한 신학은 신이 탁월한 존재자이며, 창조를 초월하고, 다른 객체와는 종류가 다르다고 주장하는 경향이 있다.

OOO는 이러한 신학적 변종들의 주장과 비일관적이다. OOO가 존재자는 관계와 독립적인 이산적 단위체들로 구성되어 있다고 주장하는 한, 그것은 필연적으로 범신론과 상충한다. 범신론이 모든 존재자가 신의 존재 속에서 상호관계된 요소라고 주장할 때, OOO는 모든 존재자가 서로 관계되어 있거나 총체성을 형성한다는 테제를 거부한다. 유신론과 이신론이 일반적으로 신이 모든 창조를 초월하는 탁월한 존재자라고 주장할 때, OOO는 초월적 주권이 없는 평평한 존재론을 선호한다. OOO의 관점에서는 만약 신이 존재한다면 "신"은 다양한 존재자 사이의 하나에 불과할 것이다. 그러나 OOO와 유신론 및 이신론 신학이 가장 극명하게 상충하는 지점은 신의 전지전능함이다. 모든 실체가 서로에게서 환원 불가능하게 물러난다는 테제는 전지하고 전능한 존재자의 파멸을 불러일으킨다. 이러한 물러남이 존재자들 사이의 모든 관계가 간접적임을 수반하는 한, 어떤 존재자도 다른 존재자에 관해 완벽하고 완전한 지식을 가질 수 없으며, 어떤 존재자도 다른 존재자를 완전히 장악할 수 없다는 점이 뒤따른다. OOO는 각 객체의 존엄성과 독립적 현존을 긍정하면서 각 객체의 본질적인 유약성, 약함, 제한성 또한 긍정한다.

전술한 내용에 비추어 볼 때, 애덤 밀러의 『사변적 은혜』는 놀라움의 극치이다. 앞으로 펼쳐질 놀라운 페이지들 속에서 그가 제안하는 신학은 OOO와의 갈등을 피하면서 전통적인 서양신학이 제공하는 세 가지 선택권을 비켜간다. 전통 신학에서는 은혜를 초월적 신이 인간에게 부여한 뜻밖의 선물로 이해하는 반면, 밀러는 은혜를 존재자의 구조 자체에 짜여 있는 것으로 이해할 수 있는 방식을 보여주려고 한다. 이런 점에서, 밀러의 신학은 신theos 없는 신학이다. 그러나 이 신학은 신이 현존하지 않는다고 주장하는 통상적인 무신론으로 이해되어서는 안 된다. 오히려 그것은 신이 다른 모든 객체와, 같은 저항과 고난, 같은 이용 가능성에 종속되어 다양한 객체 중 하나의 객체로 존재하는 신학을 가지고 실험한다. 밀러의 신은 초월적인 초인이나 주권적인 왕이 아니라 "약한" 신, 세계의 객체들과 함께하는 동료 여행자이다. 이런 점에서, 신은 다른 모든 존재자와 마찬가지로 은혜를 수용하는 데 개방된 것으로 남는다.

내가 생각하기에 지금까지 라투르의 사유에 관해 저술

된 가장 훌륭한 문헌 중 하나인 밀러의 책 속에서 밀러는 객체의 존재를 탐구하며 객체의 본성, 객체가 상호작용을 하는 방식, 상호관계하는 방식을 해설한다. 객체는 다른 존재자에 대해서 저항적resistant이면서도 이용 가능한available 두 얼굴 존재자라는 점이 점차 밝혀진다. 라투르가 말하듯이, 어떤 객체도 다른 객체로 완전히 환원될 수 없으며, 어떤 객체도 다른 객체로 부분적으로 환원되는 것을 피할 수 없다. 객체에 관한 이러한 개념화는 이중 구조적 현상으로서의 밀러의 은혜에 관한 개념화의 토대가 된다. 밀러에 의하면, 객체는 "저항적 이용 가능성"으로 특징지어진다. 은혜에 대한 나의 개방성은 이 저항적 이용 가능성에 대한 나의 개방성에 달려 있다. 그리고 만약 은혜가 이 저항적 이용 가능성에 대한 개방성이라면, "죄"라고 명명된 용어는 이 은혜의 거부, 이 저항적 이용 가능성에 의해 부여된 약함과 고난의 거부를 지칭한다. 다른 객체의 저항을 경시하고 다른 객체에 대한 나의 이용 가능성을 거부할 때 나는 죄를 짓는다.

이러한 제안은 놀랍고 고무적이지만, 그러나 밀러가 종교가 회합하고 회집하는 이유를 설명하지 않는다면 모든 것은 무용지물이 될 것이다. 밀러는 라투르에게서 차용한 놀라운 격언을 통해 "종교는 떠나려는 우리의 의지를 꺾는 것"이라고 말한다. 종교는 물러서려고 할 따름인 우리의 의지를 꺾고 우리 발밑의 일상적 세계로 우리를 돌려보내는 것이다. 내 의지를 무시하는 세계의 저항과 고난에 열려 있는 나의 이용 가능성을 앞에 두고, 나는 도망친다. 나는 내 딸이 그림을 그리는 동안 옆에 앉아 딸과 함께 시간을 보내면서 내가 좋은 아빠라고 스스로 다짐한다. 그러나 나는 거기에 앉아서도 내가 읽고 있는 책으로 되돌아가고, 온라인에서 업데이트를 확인하고, 머릿속에서 논문을 작성하는 등의 작업을 한다. 나는 거기에 있지 않은 동시에 거기에 있으며, 그러므로 딸에게 "고난을 겪게" 하고 딸과 소통하기를 거부한다. 등을 돌리고, 나는 나 자신이 세계로부터 자유로운 작은 주권자라고 상상한다. 마치 아리스토텔레스의 부동의 동자처럼, 나는 완벽한 유아론적 주권을 누리기 위해 물러서려 한다.

만약 종교가 내 의지를 꺾는 것이라면, 종교와 과학 사이의 현대적 논쟁은 정확히 거꾸로 된 것이다. 종교는 이 세계에서 도피하는 일이 아니라 이 세계로 돌아가는 실천이다. 표준적인 이야기는 과학이 내재적인 자연 세계를 조사하는 반면에 종교는 우리를 신과 저 너머의 초월적 세계로 이끈다는 것이다. 과학은 우리를 이 세계로 인도하고 종교는 다음 세계를 위해 우리를 준비시킨다고 전해진다. 이와 대조적으로, 밀러의 라투르주의적 설명에서 과학은 초월적인 것에 관한 탐구로 적절하게 이해되는 반면에 종교는 내재의 장을 소유한다. 과학은 멀리 떨어진 영역을 통해 우리의 경이로운 모험을 인도한다. 과학은 각 은하의 중심에 있는 블랙홀, 우리의 지각 문턱 아래에 있는 아원자 입자, 적외선과 자외선 파장 내의 사물의 모습, 전자기 신호의 관점에서 세계를 감지하는 백상아리의 지각적 우주를 우리에게 소개한다. 과학은 진정으로 이질적인 것 앞으로 우리를 데려간다.

이와 대조적으로, 종교는 우리를 내재의 장으로 되돌려 보내며, 종종 너무 가까워서 볼 수 없는 것의 근접성을 드러낸다. 마치 하이데거의 안경이 코끝에 놓여 있음에도 우리에게서 가장 멀리 떨어져 있는 것처럼,[4] 일상의 내재성

4. Martin Heidegger, *Being and Time*, trans. John Macquarrie and Edward Robinson (San Francisco : HarperCollins, 1962), 141. [마르틴 하이데거,

은 너무도 가까이 있다는 점으로 인해 끊임없이 도망치고 물러나며 보이지 않게 된다. 종교는 주어진 세계의 저항적 이용 가능성에 우리가 주의를 기울일 수 있도록, 우리가 도망가는 것을 막아준다. 종교가 사용하는 좌석, 의식, 색유리 창, 묵주 구슬, 사람, 기도서 등은 단순한 믿음의 보철물이 아니다. 그것들은 지금 여기에서 우리의 관계에 은혜롭게 주의를 기울이도록 우리를 부르는 내재성을 실천하기 위한 도구이다. 성공적인 종교는 세계로부터의 도피가 아니며, 우리를 내재의 세계 안에 정확히 위치시킨다.

나는 밀러의 책이 나를 깊이 흔들었으며, 신학과 종교에 관한 나의 이해를 동요시켰음을 고백한다. 짧고도 긴 페이지들 속에서, 밀러의 접근법은 세속적인 것과 독실한 것 사이의 현대 논쟁에서 볼 수 있는 범주화를 피하는 동시에 전통 신학이 제공하는 선택지를 벗어난다. 여기에는 한동안 나 자신의 사유에 도전하고 마음을 휘저을 것으로 의심되는 새로운 것이 있다. 그러나 신앙의 모험 – 믿음이 아니라 신앙, 은혜의 차원에서 착수되는 신앙 – 에 걸맞게, 나

『존재와 시간』, 전양범 옮김, 동서문화사, 2015.]

는 여전히 의심에 사로잡혀 있다. 만약 밀러가 옳다면, 만약 이것이 종교라면, 왜 우리는 이것을 정치가 아니라 종교라고 불러야 하는가? 밀러가 기술하는 회합gathering이야말로 모든 진정한 정치에서 일어나는 일이 아닌가? 만약 그렇다면, 왜 우리는 초월적인 것, 초자연적인 것, 교회를 함축하는 "종교"라는 단어를 유지해야 하는가? 교회는 종교의 장소가 아니라 정치의 장소라고 할 수 있지 않은가? 이 불안한 조우에 대한 엄청난 감사와 함께, 내 친구 애덤에게 이 질문들을 던진다.

BE   Badiou, Alain. *Being and Event*. Translated by Oliver Feltham. New York : Continuum, 2005. [알랭 바디우, 『존재와 사건』, 조형준 옮김, 새물결, 2013.]

HI   Latour, Bruno. "How to Be Iconophilic in Art, Science and Religion?" In *Picturing Science, Producing Art*. Edited by Caroline A. Jones and Peter Galison. New York : Routledge, 1998.

MT   _____. "Morality and Technology : The End of the Means." Translated by Couze Venn. *Theory, Culture & Society* 19, No. 5/6 (2002) : 247~60.

PF   _____. *The Pasteurization of France*. Translated by Alan Sheridan and John Law. Cambridge, Mass. : Harvard University Press, 1988.

PH   _____. *Pandora's Hope : Essays on the Reality of Science Studies*. Cambridge, Mass. : Harvard University Press, 1999. [브뤼노 라투르, 『판도라의 희망 : 과학기술학의 참모습에 관한 에세이』, 장하원, 홍성욱 옮김, 휴머니스트, 2018.]

PN   _____. *Politics of Nature : How to Bring the Sciences into Democracy*. Translated by Catherine Porter. Cambridge, Mass. : Harvard University Press, 2004.

RS   _____. *Reassembling the Social : An Introduction to Actor-Network-Theory*. New York : Oxford University Press, 2005.

SA   _____. *Science in Action : How to Follow Scientists and Engineers through Society*. Cambridge, Mass. : Harvard University Press, 1987. [브뤼노 라투르, 『젊은 과학의 전선 : 테크노사이언스와 행위자-연결망의 구축』, 황희숙 옮김, 아카넷, 2016.]

SE   Gould, Stephen Jay. *The Structure of Evolutionary Theory*. Cambridge, Mass. : Harvard University Press, 2002.

TF   Latour, Bruno. " 'Thou Shall Not Freeze-Frame' or How Not to Misunderstand the Science and Religion Debate." In *Science, Religion, and the Human Experience*. Edited by James D. Proctor. New York : Oxford University Press, 2005.

TS   _____. " 'Thou Shalt Not Take the Lord's Name in Vain' : Being a Sort of Sermon on the Hesitations in Religious Speech." *RES : Anthropology and Aesthetics*, No. 39 (Spring 2001) : 215~34.

WE   _____. "What Is Given in Experience?" *Boundary* 2, Vol. 32, No. 1 (Spring 2005) : 222~37.

WL   _____. "What If We *Talked* Politics a Little?" *Contemporary Political Theory* 2, No. 2 (2003) : 143~64.

WM   _____. *We Have Never Been Modern*. Translated by Catherine Porter. Cambridge, Mass. : Harvard University Press, 1993. [브뤼노 라투르, 『우리는 결코 근대인이었던 적이 없다』, 홍철기 옮김, 갈무리, 2009.]

WS   _____. "Will Non-Humans Be Saved? An Argument in Ecotheology." *Journal of the Royal Anthropological Institute*, Vol. 15 (2009) : 459~75.

도를 배운다는 것은 나를 배운다는 것이다.
나를 배운다는 것은 나를 잊는다는 것이다.
나를 잊는다는 것은 만물로부터 깨달음을 얻는 것이다.

/

도겐

1

서론

이 책은 은혜에 대한 객체지향 접근법의 모델을 설계한다. 이 접근법은, 우리의 우주를 구성하는 집합적 형성과 그 현존의 지속에 대한 형이상학적 공로를 개체적 객체의 다수성에 완전히 돌린다는 점에서 객체지향적이다.

다른 방식으로 말하자면 이 책은 다수성에 형이상학적 독립성을 제공함으로써, 포스트다윈주의 세계에서의 은혜의 의미를 실험적으로 구성한다. 스티븐 제이 굴드는 『진화론의 구조』에서 전-다윈주의 사유와 포스트다윈주의 사유 사이의 차이점을 다음과 같은 방식으로 특징짓는다.

진화에 대한 전-다윈주의적 개념들은 사변적이고 본질적

으로 조작 불가능한 무력한 것으로 남아 있었다. 그 주된 이유는 그 개념들이 실질적으로 불가지한 우주 진보의 대규모 힘을, 국소적 적응과 다양성을 생성할 수 있지만 원리적으로는 생명의 거시적 진화 패턴을 설명할 수 없는 직교적orthogonal이고 감지할 수 있으며 시험할 수 있는 소규모 힘과 상충시키는 불구적 역설에 빠져들었기 때문이다. 그러자 다윈은 … 대규모 힘이라 추정되는 것은 존재하지 않으며, 모든 진화는 이제 자연선택으로 적절하게 이해되는 소규모 힘에서 상향적으로 외삽함으로써 설명될 수 있다고 탁월하게 주장했다. (SE 23)

자연선택에 관한 다윈의 연구 이전에, 생명의 패턴화된 조직화는 근원적이지만 이용 불가능한 신적 힘에 호소해서만 설명될 수 있었다. 그러한 이야기는 우리를 둘러싸고 펼쳐지는 복잡한 과정에는 목적과 방향성을 가지고 조직하는 어떤 추가적 힘, 시야에서 벗어나 장면 뒤에서 조작하는 어떤 추가적 힘이 있어야 한다고 말한다. 이 광대한 국소적 단위체들의 복잡성이 파생되는 어떤 근원적인 통일성이 있어야 한다.

다윈주의적 혁명은 다윈이 이 가정을 부수고, 대신에 주어지고 이용 가능한 것 — 지금 여기, 그리고 시야에 잘 보이는 것 — 만으로도 그 자체의 패턴화된 복잡성을 설명하기에 충분하다는 가설을 세울 때 시작된다. 다윈이 가설을 세웠듯이, 주어진 세계가 그 자신의 조직화를 설명하기에 충분하다면 어떨까? 만약 그렇다면, 생명에 관한 우리의 개념화는 어떻게 수정되어야 하는가? 어떤 새로운 종류의 현상이 나타날 수 있는가? 그리고 만약 우리가 숨겨진 거시적 힘의 작용을 없앤다면, (자연선택과 같은) 어떤 이용 가능한 조건이 처음으로 이차적이거나 파생적이기보다는 근본적인 것으로 나타날 수 있을까?

다윈의 가설에서 가장 놀라운 점은 그것이 세계의 역사적이고 물질적인 복잡성 전체를, 이해할 수 있는 방식으로 작용하는 무언가로 만들며 갑작스럽고 설득력 있게 그것에 생기를 불어넣는다는 것이다. 이제 주어진 세계는 신적 작용이라는 실재적 무대를 시야에서 숨기는 음소거된 정적 화면이 아니라 역동적이고 살아 있는 것으로 나타난다. 굴드가 말하듯이, 이 다윈주의적인 관점 전환의 힘은 그것이 스스로를 생산하고 설명할 수 있는 세계를 효과적으로 "조작操作하는 것으로 만든다"operationalize는 사실에 놓여 있다. 관성적이고 불투명하며 이차적이었던 것이 이제 그 자신의 삶과 존재의 잠재적으로 이해 가능한 총합으로서 생명을 얻는다.

이 책에서 나 자신의 실험은 은혜와 관련하여 유사한 경로를 지향한다. 나는 은혜를 조작하는 것으로 만들고 싶다. 나는 은혜를 전통적인 유신론적 틀에서 뽑아내어 비신론적인 객체지향 존재론의 내재적 영역으로 이식하고 싶다. 그렇게 하는 것은 이용 불가능하고 초월적인 "우주적 진보의 대규모 힘"이라는 관점에서 은혜에 관해 생각하는 것에서, 은혜를 감지할 수 있고 편재하며 이용 가능한 "소규모 힘"으로 취급하는 것으로 전환하는 것을 포함할 것이다. 은혜가, 장면 뒤에서 조작하는 알 수 없는 힘이기보다는, 그 대신 이 세계의 자기-조직적 복잡성 전체를 특징짓는 것 ─ 지금 여기 그리고 시야에 잘 보이는 것 ─ 일 수 있을까? 은혜의 진정한 힘은 오직 신성하고 유신론적인 의도의 초자연적인 투자를 통해서만 올 수 있는 것일까? 아니면 은혜는, 자연선택에서처럼 그것의 소규모적이고 국소적이며 긴 시간의 조작에서는 숨겨져 있는, 세계형성적 힘일까?

내 가설은 후자를 선호한다.

2

은혜 이식하기

내가 은혜를 객체지향 틀로 "이식"하고 싶다고 말할 때, 나는 컴퓨터 프로그래밍에서 사용되는 방식과 유사한 방식으로 그 단어를 사용하고 있는 것이다. 프로그래머에게 이식이란 다른 플랫폼 혹은 다른 운영체제에서 사용하기 위해 프로그램이나 애플리케이션을 수정하는 것을 의미한다. 애플리케이션을 이식하려면, 체제-특정적 코드 구간을 다시 작성한 다음 새 플랫폼에서 프로그램을 재컴파일해야 한다.

유비적으로, 개념을 철학적으로 이식한다는 것은 다른 형이상학적 플랫폼에서 사용하기 위해 개념을 수정한다는 것을 의미한다. 나의 목표는 기독교적인 은혜 개념을 전통적인 유신론적 존재론에서 비신론적non-theistic 객체지향 존재론으로 실험적으로 이식하는 것이다. 이를 위해서는 (1) 은혜의 본질적 특징을 식별하고, (2) 유신론적 존재론과 객체지향 존재론의 핵심 차이를 식별하고, (3) 은혜를 객체지향 플랫폼에 재컴파일하는 데 필요한 수정 사항의 지도를 그려야 하며, (4) 이러한 수정 사항의 실천적인 함축을 명시하는 것이 필요하다. 은혜가 그런 이식으로부터 살아남을 수 있을까? 은혜는 인식 가능한 것으로 남을까? 여전히 기능할까?

이 책의 일부는 이론을 강조하고, 브뤼노 라투르의 "실험적" 형이상학의 관점에서 은혜에 관한 나 자신의 객체지향적 설명을 구성한다. 여기서 나는 라투르의 실험적 형이상학이 어떻게 실재에 관한 전통적인 유신론적 설명이 지닌 여러 본질적인 교리와 단절하는지를 설명하고, 은혜에 대한 비신론적 접근법을 보여주기 위해 이러한 차이점이 지닌 함축을 끌어낸다. 실천에 초점을 맞추고, 은혜가 초자연적인 거시적-힘이 아니라 편재하는 미시적-힘으로 이해된다면 어떤 종류의 종교적 기구와 훈련이 중심 무대에 오를 수 있는지를 검토함으로써 이 책은 균형이 잡히게 될 것이다.

비록 실험적인 특징을 가지고 있지만 나의 의도는, 결정적으로 비-사변적인 목적을 위해 약간의 형이상학적 연극을 연출하는 것이다. 내가 보기에 은혜를 이식하는 이 정교한 철학적 기획은 매우 실천적인 목표를 가지고 있다. 즉, 나는 고난suffering의 본성, 그 근본 원인, 그리고 가장 중요하게는 그러한 고난과 은혜의 관계에 더 명확하게 초점을 맞추고자 한다. 신학의 관점에서 핵심적인 형이상학적 문제는 바로 고난이라는 것이 나의 입장이다. 모든 것은 실재적인 것에 관한 주어진 이론이 이 질문에 어떻게 대답하느냐에 달려 있다. 고난 일반 — 특수하게는 인간의 고난 — 은 사물이 존재하는 방식의 우연적이고 일시적인 특징인가? 아니면 고난은 실재적인 것에 너무 팽팽하게 감겨 있어서 필연적으로 모든 곳에 있는가?

여기서 다시, 내 가설은 후자를 선호한다.

3

은혜

미르체아 엘리아데의 『종교 백과사전』에서 "은혜" 항목은 일반적인 내용을 다루지만 유익하다. 그것에 따르면, 은혜는 "일차적으로 인간의 미덕을 나타내는 것이 아니라 신의 임재[현전]presence를 나타낸다. 은혜는 인간의 역사와 인간의 삶 속의 신적 활동이다." 이 항목에서 식별된 특징 중 가장 중요한 점은 은혜란 신이 이 세상과 포개지는 방식(즉, 내재적으로 현재하거나 그 속에서 활동하는 방식)에 대한 이름이라는 착상이다. 특히, 일차적으로 인간 미덕의 산물이 아니지만 그런데도 인간의 삶과 역사에 개입하는 신적 표현의 양상을 은혜라고 명명하고 있다. 그리고 이 은혜는 우리의 통제를 넘어서는 신적 활동이기 때문에, 인간은 은혜와 관련하여 수동성이라는 중대한 부담을 겪게 된다.

이것은 유용한 출발점이지만, 나는 특히 은혜에 관한 명시적인 기독교적 이해를 다루고 싶다. 강력한 공통분모를 찾기 위해 은혜에 관한 기독교적 이해에 초점을 맞추는 것은 이 경우 바울의 설명에 초점을 맞추는 것과 같다. 결국, 은혜(카리스charis)를 기독교 선언의 핵심으로 소개한 사람은 바울이기 때문이다. 키텔과 프리드리히의 『신약에 관한 신학 사전』에서 카리스 항목은 바울의 용법을 간결하게 요약하고 있다.

바울의 카리스는 구원 사건의 구조를 설명한다. 카리스는 무상의 선물이라는 것이 바울의 기본적인 생각이다. 그 고찰에 포함된 것은 단순히 신의 성질이 아니라 십자가에서 일어난 그것의 현실화(갈라디아서 2장 21절)와 복음을 통한 그것의 선언이다. 우리는 오직 은혜만으로 구원받았다. 그것은 죄인들에게 보여지며(로마서 3장 23~24절), 모든 믿는 자가 가지고 있는(고린도전서 1장 4절) 구원의 총체이다(고린도후서 6장 1절). 그리스도 안에 구현된 "오직 은혜"가 믿는 자들의 "오직 신앙"과 상응하며(로마서 3장 24절과 그 이하), 구원의 길로서 율법을 배제한다(4장 16절). 카리스charis와 피스티스pistis는 함께 노모스(율법)의 안티테제이다. 그러므로 은혜는 어떤 의미에서는 상태이지만(5장 2절), 사람은 언제나 그 안으로 부르심을 받고(갈라디아서 1장 6절), 그것은 언제나 사람이 요구할 수 없는 선물이다. 은혜는 충분하다(고린도전서 1장 29절). 더 많이 필요하지도 않고 더 많이 얻지도 못한다. 그것은 확약의 요소를 담고 있지만, 거짓된 보장은 아니므로 자랑할 여지를 남기지 않는다(고린도전서 1장 29절; 갈라디아서 5장 4절 참조).

여기서 다시, "구원 사건"으로 기술되는 은혜는 인간의 역사를 가로막고 구원을 가능하게 하는 것이다. 이 가로막음은 받는 사람을 죄에 예속된 상태에서 해방시키고 선물을 부여한다. 자신의 힘으로 할 수 없었던 것이 이제 주님의 힘으로 가능해진다. 게다가, 신의 호의의 표현으로서 은혜는 경제적 순환성에 따른 예측 가능한 보상과는 일치할 수 없는 "무상의 선물"로 온다. 그리고 은혜는 그저 포괄적인 성질이나 추상적인 능력인 이상으로, 십자가에서 그리스도가 겪은 고난과 기독교 복음 선언을 전하려는 개인의 의지로 구체화되거나 "현실화된" 어떤 것을 명명한다. 바울은 이런 종류의 은혜가 율법으로 다스려질 수 없고 자랑할 만한 행위를 통해 확보될 수도 없다고 주장한다. 오히려 그러한 은혜는 저절로 오며, 그것에 대해 유일하게 적절한 인간의 반응은 신뢰 또는 "신앙"(피스티스)이다. 은혜는, 그것이 삶의 중압감에서 벗어나려는 우리의 굶주린 도주를 어떻게 가로막든 간에, 우리가 굳건히 서서 이미 주어진 은혜가 사실은 "충분하다"는 것을 신뢰하라고 요구한다.

전술한 내용을 염두에 두고, 나는 은혜의 기본 정의에 필수적인 것으로 다음을 취할 것이다.

은혜는 내재적이다. 그것은 이 세계 속에서 신의 현실적이고 구체적인 활동을 가리킨다.

은혜는 가능화enabling이다. 그것은 그렇지 않으면 불가능했을 것을 가능하게 만든다.

은혜는 풍부하다. 그것은 합당하거나 기대했던 것을 초과한다.

은혜는 겪어진 것이다suffered. 그것은 능동적으로 통제한 것이기보다는 수동적으로 받아들인 것이다.

은혜는 절대적이다. 그것은 무상이며 조건이 없다.

은혜는 충분하다. 그것이 우리의 기대나 욕망과 어떻게 충돌하는지와 관계없이, "더 많이 필요하지도 않고 더 많이 얻지도 못한다."

은혜 — 내재적이고, 가능하게 만드는 것이며, 풍부하고, 겪어진 것이며, 절대적이고, 충분한 것으로서 — 는 무조건적으로 주어진 것의 이름이다.

4

음모론

객체지향 형이상학은 음모론적이지 않다는 점에서 더 전통적인 접근법과 구별된다. 고전적으로, 형이상학자들은 같은 유혹에 계속해서 빠진다. 즉, 그들은 음모론자이다. 그들은 주어진 것의 패턴화된 복잡성을 설명하는 데 실제로 필요한 것보다 훨씬 더 높은 정도의 근본적인 통일성과 의도적인 조정을 가정한다.

상아탑 음모론의 유서 깊은 브랜드로서, 형이상학의 작업 자체는 장면의 뒤에서 작용하는 보이지 않는 손을 드러내고, 다수성을 좀 더 근본적인 공통 요인으로 일방적으로 환원함으로써 무질서하고 수동적인 다수성의 운동을 정합적 전체로 통일하고 지시하는 임무로 오랫동안 이해되어 왔다. 이 근본적인 공통 요인에 할당된 그림자 역할은 기호 체계, 자본주의, 아원자 입자만큼 쉽게 신, 플라톤주의적 형상, 칸트의 범주에 의해 수행될 수 있다. 형이상학적 성향 자체에 내재한 순수성을 향한 충동이 있으며, 이 순수성은 모든 현상이 환원주의의 정화수를 통해 세례를 받도록 요구함으로써 생산된다.

만약 브뤼노 라투르의 기획에 대한 안티테제를 특징짓는 어떤 하나의 용어가 있다면, 그것은 바로 환원주의이다. 라투르는 환원, 단순화, 정화를 향한 어떤 예비적이고 선험적인 요구 사항이라는 형이상학적 부과를 과학, 정치, 종교 모두의 골칫거리로 본다. 그것들 각각은 단순히 환원과 일축이라는 방식으로 설명하는 한 근본적으로 유신론적인 방향성을 유지한다. 설령 세속주의자나 무신론자를 자처하더라도 그것들의 설명 양태는 종교적인데, 왜냐하면 "환원주의와 종교는 언제나 붙어 다니며, 종교적 종교, 정치적 종교, 과학적 종교"(PF 190)를 창출하기 때문이다. 그것들의 "작업 방식은 본질에 있어 종교적이며, 필연성에 있어 유일신론적이며, 방법에 있어 헤겔주의적이다"(PF 190). 그것들은 숨겨진 거시적–힘에 설명력을 귀속하고, 근원적 통일성 또는 근본적인 양립 가능성을 가정하며, 전지구적 체계의 음모론적 운동을 통해 남아 있는 국소적 차이를 진압한다. "세계를 창조했기 때문에 세계를 자신에게 환원시킬 수 있는 신을 기독교인이 사랑하는 것"과 같은 방식으로, 과학자는 세계를 구성하기 때문에 세계를 자신에게 환원시킬 수 있는 어떤 근본 입자를 사랑할 수 있다(PF 162).

우리는 현재 우리에게 이용 가능한 것보다 더 근본적이고 더 근원적인 힘이 세계 속에 작용하고 있다고 가정하는 것으로 결코 시작해서는 안 된다. 우리는 "모든 것을 설명하고, 모든 것을 번역하고, 모든 것을 생산하고, 모든 것을 구매하고 교환하고, 모든 것을 행위하도록 만들 수 있는" 어떤 기초적인 힘을 가정하려는 형이상학적 유혹에 저항해야 한다고 라투르는 간청한다(PF 172). 대신, 우리는 객체 지향 접근법 자체를 특징짓는 움직임을 만드는 것으로 시작해야 한다. "객체"라는 용어를 모든 종류의 현존하는 사물에 대한 유적 이름으로 취급할 때, 우리는 세계의 전경에서 현재에 이용 가능한 방식으로 작용하는 소란스러운 객체의 다수성에, 완전한 형이상학적 존엄성을 부여하는 것으로 시작해야 한다. 우리는 객체가 스스로 자신을 설명할 수 있다고 가정한 다음, 객체 자체가 자기 일을 추구하면서 단절하기도 하고 따라가기도 하는 객체의 다기능적인 흔적을 매우 주의 깊게 추적해야 한다.

라투르의 주장에 따르면, "한편으로 환원하는 자들과 다른 한편으로 영혼의 보충을 원하는 사람들 사이에는," "차이가 없다"(PF 187). 둘 다 형이상학적인 손재주를 가지고 우리를 객체 그 자체가 아닌 다른 것으로 향하게 함으로써 설명해 버린다. 이것은 "복잡하고, 고유하고, 특정적이고, 다양하고, 다수적이고, 독창적인 표현이 단순하고, 따분하고, 균질하고, 다목적적인 용어에 의해 설명될 수 있다는 구실 하에 전자가 후자로 대체될 때마다" 발생한다(RS 100). 이 구실은 전통적으로 형이상학 자체의 구실이다.

실험적 형이상학

라투르의 견해에서 볼 때, 진정으로 현대적인 형이상학은 어떤 음모론도 묵인하지 않음으로써 형성되어야 한다. 그 결과, 아이러니하게도 현대 형이상학은 심오하게 반형이상학적인 입장을 통해 특징지어져야 한다. 물론, 라투르의 형이상학적 기획은 다른 모든 형이상학적 기획과 마찬가지로 몇 가지 공리적 가정으로 시작해야 하지만, 라투르는 실재적인 것의 본성에 관한 모든 공리적 결단을 공리적으로 금지함으로써 그러한 가정의 필요성을 완전히 뒤집고자 한다. 라투르에게서는 그 무엇도 사전에 결정되거나 가정되어서는 안 된다. 단, 사전에 아무것도 결정하지 않겠다는 이 엄격한 결단은 예외이다. 이런 방식으로, 라투

르는 "나는 환원주의자들을 환원하고 싶다"라고 말한다
(PF 191).

라투르가 자신의 접근법을 실험적 형이상학이라고 기술
할 수 있게 해주는 것은 이러한 사전 결단의 금지이다. 그
의 형이상학은 결론이 잠정적이라는 점과 실제 실험을 통
해 진행된다는 점 양쪽 모두의 의미에서 실험적이다. "우리
는 힘들의 상태가 무엇인지 또는 무엇을 힘으로 간주할지
선험적으로 결정해서는 안 된다"(PF 155). 오히려, 우리가 실
재적인 것의 본성에 관해 말할 수 있는 것은 무엇이든 객
체 자체에 의해 국소적으로, 그리고 지속적으로 정당화되
어야 한다. "우리는 오래된 사변적 형이상학 아래에서 누군
가가 그랬던 것처럼 세계를 채우는 사물들에 관해 우리끼
리 결정할 필요가 없다. 우리는 실험적 형이상학이 다시 시
작될 수 있게 하는 장비, 기구, 기술, 지식을 정의하기만 하
면 된다"(PN 136).

이는 라투르가 지적한 것처럼 "고전적인 부트스트래
핑[1]의 문제"로 이어진다(PN 60). "우리가 말하는 **실험적 형**

---

1. * 부트스트래핑(bootstrapping)은 "부츠의 끈을 스스로 당겨 신는다"라는
표현에서 유래되었는데, 외부에서 도움이나 투자를 받지 않고 창업자의 자

이상학으로 자연의 자의성arbitrariness — 혹은 차익거래arbi-
trage — (즉, 전통적 형이상학)을 치환하기 위해서는 일종의
필수적인 최솟값, 일종의 형이상학적 '최저 임금'을 정의하
는 것으로 시작해야 한다"(PN 61). 이 "필수적인 최솟값"은
궁극적으로 라투르가 비환원의 원리라고 부르는 것과 관련
하여 매우 상세하게 표현될 것이지만, 지금으로서는 전통
적인 형이상학적 체계가 그토록 다양한 현상을 그토록 단
순한 용어를 가지고 그토록 놀라운 속도로 설명할 수 있
게 만든 선제적 음모론을 금지하는 것은 바로 이 필요 형
이상학적 최솟값이라고 말하는 것으로 충분하다. 방법론
적 관점에서 전통적인 형이상학이 설명의 속도와 용이성
을 최대화하기 위해 객체들을 매끄럽게 하고 포장하는 것
과 유사하다고 말할 수 있다면, 라투르의 실험적 방법론은
형이상학 자체를 순수성과 환원을 향한 우리의 충동을 제
동하는 장치로 용도 변경하는 것과 같다. "오래된 체계는
지름길과 가속을 허용했지만 역학을 이해하지 못했다면",
실험적 형이상학은 객체들 자체의 운동을 더 주의 깊게 따

금이나 기업이 창출하는 이윤으로 사업을 운영한다는 것을 뜻한다.

라가기 위해 "속도를 늦추는 것을 지향한다"(PN 123).

아이러니하게도, 정확히 "속도"야말로 실제 현상이 결여한 실체와 영속성에 대한 환상을 생성하는 경향이 있는 근본적인 공통 요인으로 객체를 환원하기 위해 음모론이 사용하는 수단이다. 객체들의 역학을 이해하기 위해서는 실험적으로 "속도를 늦추는" 형이상학적 노력이 필요하다. 오직 형이상학적 비환원의 관점을 통해서만 객체들의 유동과 덧없음이 초점에 들어올 수 있다. 이 목표를 위해 라투르는 변화에 관한 형이상학적인 거시-설명을 금지하지만, 그는 객체들 자체의 수준에서 일어나는 변화에 관한 실험적인 미시-설명을 촉진하기 위해 이를 금지할 따름이다. 라투르는 변화 자체를 배제하지 않으며, 대신 변화의 경험론적 실재성을 긍정하고 설명하는 일종의 방법론적 "현실주의"actualism를 옹호한다.

중요한 것은 "속도를 늦추는 것"에 대한 라투르의 공리적 전념이 그의 형이상학적 입장뿐만 아니라 종교적 실천에 대한 그의 접근법의 요지 또한 특징지을 것이라는 점이다. 실제로, 그의 접근법은 실험적 형이상학을 위한 문을 열어줄 뿐만 아니라, 미리 직조된 대답에 기반을 두기보다는 일정한, 최소한의 기구와 관행에 유사하게 기반을 둔 일종의 "실험적 종교"를 위한 문을 열어준다. 라투르에게 "물질 및 신적 힘과 관련된 거대한 물음은 실험적 해결의 대상이 될 수 있다." 그러나 실재적인 것의 본성을 고려할 때 "이 해결은 언제나 부분적이고 겸손한modest 것일 것이다"(WM 22).

6

증식

라투르의 핵심적이고 형이상학적인 최솟값은 다음과 같이 심오하게 비신론적인 격언으로 요약될 수 있다. "어디서나 단수를 복수로 바꿔라"(PN 29). 전통적으로 형이상학자는 근본적인 거시적-통일성 또는 배경 호환성background compatibility을 가정하지만, 라투르는 대신 환원 불가능하고 셀 수 없는 형이상학적 복수성을 가정한다. 그는 일자를 공리화하기보다는 다자를 공리화한다. 실험적 형이상학은 세계를 미리 형성하기보다는 우주(또는 더 나은 표현으로 복수우주pluriverse)가 소집할 수 있는 가능한 한 많은 객체와 행위자의 어수선한 증식을 조장한다. 그 결과로 세계는 "거대하고 지저분하고 탁한 건설 현장"이 된다(PN 161).

"우리의 생각보다 우리는 더 많다"(PF 35).

그러나 다수성의 이러한 지저분한 증식은 혼돈을 초래하지 않는다. 어떤 사전에 형성된 통일성이 부여되지 않은 다수성은 오직 혼돈에 이를 뿐이라는 이 가정은 라투르가 바로 그 고전적이고 형이상학적인 편견이라고 여기는 것을 전형적으로 보여준다. 복수우주는 정합적 형식이 결여된 것이 아니라, 다수성 자체의 상호작용을 통해 국소적으로 그리고 잠정적으로 생산되지 않은 정합적 형식을 결여하고 있을 뿐이다.

방법론적 관점에서 이것은 실험적 형이상학이 환원의 "종교적" 형이상학보다 훨씬 더 많은 작업을 포함한다는 것을 의미한다. 대다수의 객체를 어떤 좀 더 실체적인 거시적-힘을 위한 수동적 운송 수단으로 일축함으로써 조작하는 환원주의의 "편리한 속기"convenient shorthand를 위해서는, 다수성 위에서가 아니라 다수성 사이에서 작업하는 연구자의 "고통스럽고 비용이 많이 드는 장기longhand를 치환substitution"해야 하기 때문이다(RS 11). "첫 번째 해결책은 다른 무언가의 효과, 표현, 반영에 불과한 귀결들의 흔적이 뒤따르는, 소수의 행위성으로 구성된 세계의 지도를 그리지만", 라투르의 접근법은 "매개자들이 이룬 접합들concatena-tions of mediators의 세계를 그리며, 거기서 각각의 점은 온전히 행위한다고 말해질 수 있다"(RS 59). 방법론적으로, 이것은 실험적 형이상학의 결정적 특징이다. 즉, 그것은 치환하지 않으며, 접합concatenate한다.

그러나 그러한 접근법은 누가 무엇에 어떤 순서로 더하는지를 어떻게 알 수 있는가? 그 접근법은 그것의 첨가적인, 접합된 끈들을 조직하는 방법을 어떻게 결정하는가? 이에 대한 단순한 대답은 실험적 형이상학이 세계의 뒤얽힌, 유약한 네트워크들을 구성하는 첨가적 끈들이 조직되는 방법을 결정하지 않는다는 것이다. 객체들을 각각의 실체적인 기원으로 되돌리기보다는, 라투르는 우리가 단순히 객체들을 따라갈 것을 권장한다. 여기서 "통용될 수 있는 유일한 슬로건은 행위자들 자체를 따라가라는 것이다"(RS 227). 우리는 그들을 따라가야 하는데, 왜냐하면 "우리는 우리 세계를 구성하는 행위자가 누구인지 모르기" 때문이다. "행위자들이 서로를 정의하는 방식을 조금씩 이해하려면 우리는 이 불확실성에서 시작해야 한다"(PF 35).

이 초기의 공리적으로 부여된 무지는 낙담시키는 것이

아니라 가능하게 만드는 것이다. 그 무지는 이해로부터 우리를 봉쇄하지 않는다. 오히려 우리의 귀를 열어 객체들이 무엇인지, 서로 어떻게 관계하고 무엇을 하려고 하는지에 관해 객체들 스스로 말해야 하는 것을 우리가 들을 수 있게 한다. 우리는 처음부터 객체들이 충분히 자신의 이야기를 해줄 수 있다는 점을 신뢰해야 한다.

세계가 무엇으로 만들어져 있는지 사전에 우리가 모른다는 사실은 시작을 거부할 이유가 되지 않는데, 왜냐하면 다른 이야기꾼들이 자신을 둘러싼 행위자들이 원하는 것, 그들의 원인, 그들이 약화되고 함께 연결되는 방식을 알고 지속적으로 정의하는 것처럼 보이기 때문이다. 이 이야기꾼들은 원인을 귀속하고, 사건을 기록하며, 존재자에 성질을 부여하고, 행위자를 분류한다. 분석가는 그들보다 더 많이 알 필요가 없다. 분석가는 어느 시점에 각각의 행위자가 다른 행위자에 관해 말하는 것을 기록하며 시작하기만 하면 된다. 분석가는 합리적으로 되려고 노력해서는 안 되며, 연구 대상 작가들이 제공하는 때때로 이상한 상호정의interdefinition에 어떤 미리 결정된 사회학을 부여해서는 안 된다. 분석가의 유일한 임무는 이야기에 소집된 행위자들이 겪고 있는 변형을 따라가는 것이다. (PF 10)

실험적 형이상학자는 합리적으로 되려고 하기보다는 충실faithful해지려고 노력해야 한다.

라투르의 접근법에는 평평화leveling 효과가 있다. 실재의 서로 다른, 사전 결정된 수준들에 객체들을 분산시키는 대신, 객체들이 어떻게 스스로 분산되는지 따라가기 위해 그러한 모든 사전 결정들을 평평하게 만든다. 평평한 접합 끈들은 치환의 피라미드를 대체하지만, 또다시, 이 "평평한" 형이상학의 양식은 아이러니한 효과를 생산한다. "이러한 평평화는 행위자 자신들의 세계가 평평해졌음을 의미하지 않는다. 그와 정반대로, 그들에게는 그들 자신의 모순적 토대를 전개할 수 있는 충분한 공간이 주어졌다"(RS 220). 라투르는 실재적인 것의 본성에 관한 사전 결정을 평평하게 만드는데, 이는 객체 자체가 그러한 사전 결정에 의해 평평하게 만들어지는 것을 방지하기 위함이다. 이 요점은 이전에 라투르의 "현실주의" 브랜드에 관해 세워진 요점과 정확하게 평행을 이룬다. 라투르가 변화에 관한 형이상학적 설명을 금지하는 것이 변화 자체에 대한 금지라고 생각하는 것은, 라투르가 선험적 차이화를 금지하는 것이 차이화 자체에 대한 금지라고 생각하는 것과 유사하다. 그 효과는 정확히 정반대다.

　게다가, 사전 결정된 것이 더 명백해 보일수록 더 의심을 불러일으켜야 한다. 현대 형이상학에는 특히 라투르가 우선하여 평평하게 만들고 싶어 하는 명백한 (그리고 많은 측면에서 고전적으로 종교적인) 사전 결정이 하나 있다. 즉, 문화와 자연 사이, 주체와 객체 사이, 혹은 라투르가 선호하는 표현을 따르면 인간과 비인간 사이의 선험적 구별이 그것이다. 객체의 다수성은 몇몇 경우에 인간으로부터 비인간을 구별할 수 있는 노선을 따라 국소적이고 잠정적으로 분산할 수도 있지만, 이러한 분산은 형이상학적으로 신성불가침한 것이 아니다. 주체와 객체, 문화와 자연 사이에는 어떤 근원적인, 사전에 확립된 존재론적 차이가 없다. 인간이든 비인간이든 모든 객체는 같은 평평한 형이상학적 평면에서 조작한다. 원리상 무엇이든 다른 무엇과 접합될 수 있다. 인간과 비인간 사이에 존재하는 차이는 지저분하고, 탁하고, 흐릿하고, 구성된 것이며, 유동적이다.

인간은 비인간으로 구성되고, 비인간에 영향을 미치며, 비인간과 불가분하게 연결되고, 비인간에 의해 가능해진다 ─ 그리고 그 역도 점점 참이 되고 있다. 만일 우리가, 자기-구성적 행위자의 셀 수 없는 복수성을 우리의 형이상학적 격언으로서 취한다면, 그 어떤 것도 사전에 다수체를 인간과 비인간으로 나눌 권한을 우리에게 부여하지 않는다. 형이상학적 난교는 규칙이다.

7

형이상학적 민주주의

실험적 형이상학은 귀족 없는 형이상학이다. 어떤 객체에도, 혹은 어떤 객체들의 접합에도 본유적인 왕권이 없다. 모든 객체는 잡종이며 왕좌에 대한 신적 권리를 가지지 못한다. 라투르의 도식에서 만약 신이 현존한다면, 신은 형이상학적 왕이 아니다. 신이 현존한다면, 신은 많은 객체 사이의 하나이다. 실험적 형이상학은 민주주의적 형이상학이며 그 참정권은 포괄적이다. "농노들은 다시 자유 시민이 되었다"(WM 81).

여기서 인내심 있는 형이상학자는 "가장 오래된 민주주의적 충동을 재발견하고, 정의상 그 결과가 아직 알려지지 않은 실험적 형이상학의 대담한 기술 속으로, 즉 그 충동의 제자리로 그 충동을 되돌려 놓는다"(PN 172). 이 시점에서 알려진 모든 것은 객체, 접합, 혹은 행위성이 그 자신에 대한 책임을 거부할 수 없다는 것이다. 목표는 "집단적 현존에서 명시적으로 배제된 존재자를", 이전에 어떤 종류의 음모론적 환원주의가 그들을 환원시켰든지 간에, "완전한 행위자로 받아들이는 것"이다(RS 69). 그러한 민주주의의 목적은 "우주의 가구들이 어떻게 채워졌는지 일거에 우리에게 알려줄 근본적인 형이상학을 정의하는 것"이 아니다(PN 77). 그와 반대로, 그 목적은 "그 가구들에 관련된 숨겨진 결단 없이 공적 논의를 재개하는 것"이다(PN 77).

우리가 어떤 객체들이 복수우주를 구성하는지를 설명하고, 그 객체들을 가지고 객체들의 유약하고 유동적인 접합들을 묶는 실타래를 추적하고자 한다면, 우리는 처음부터 우리가 설명하려는 바로 그것을 가정하는 일을 피해야 한다. 우리는 구성된 집단을 가정하기보다는 네트워크를 결집하는 국소적 작용에 주의를 기울여야 한다. 라투르는 유추 이상의 의미에서 이 작용이 근본적으로 정치적이라고 간주한다. 인간이든 비인간이든 신이든, 객체가 되는 것은 정치가가 되는 것이다. 객체가 된다는 것은 결집하고,

접합하고, 관계하고, 네트워크를 형성하고, 협상하고, 타협하고, 구성하는 것이다. "정치를 '조리'하거나 '뜨개질'하고 (재)결집을 생산하는" 사업을 실행에 옮기는 것은 "결코 확립된 의견, 의지, 정체성, 이해관계로 시작하지 않음"을 의미한다. "그것들을 도입하고 재확립하고 조정하는 것은 오로지 정치적 대화에 달려 있다"(WL 159). 다시 말해서, 객체지향 형이상학의 탁한 아수라장에서 객체의 구성을 결정하는 것은 객체 자체에 달려 있다. 환원주의의 전형적인 음모론적 합선short-circuit이 없기에 우리는 "처음부터 다시 시작하여 공통 세계를 조금씩 구성해 가야 할 것이다." 요컨대, 우리는 "정치에 참여해야 할 것이다"(PN 83).

그러나 형이상학에 대한 이러한 장기longhand 접근법은 어려우며, 텅 빈 왕의 역할을 어떤 운 좋은 객체나 객체의 집합에 단순히 재할당하는 일은 언제나 유혹적이다. "우리는 주인을 여러 번 교체했다. 우리는 창조의 신에서 신 없는 자연으로, 신 없는 자연에서 호모 파베르로, 그다음에는 우리를 행위하게 만드는 구조, 우리를 말하게 만드는 담론의 장, 모든 것이 해체되는 익명의 힘의 장으로 옮겨왔다 — 그러나 우리는 아직 주인이 아예 없는 선택지를 시도한적이 없다. 만약 우리가 무신론이라는 단어로 장악력mas-tery에 관한 일반적 의심을 의미한다면, 무신론이란 여전히 매우 미래에 있는 것이다"(PH 297~298). 그렇다면 형이상학은 장악력을 행사하는 것이 아니라 또 다른 주인을 향한 욕망을 장악하는 행사가 된다.

어째서 매번 한 명의 사령관을 다른 사령관으로 대체하는가? 우리가 이 책에서 반복해서 배운 것을 단호하게 인식하는 것이 어떻겠는가? 행위는 그 행위가 작용하는 것에 의해 약간 추월당한다는 것, 행위는 번역을 통해 표류한다는 것, 실험은 실험에 대한 입력보다 약간 더 많은 것을 제공하는 사건이라는 것, 매개의 사슬은 원인에서 결과로 노력 없이 넘어가는 것과는 다르다는 것, 오묘하고 다양한 변형trans-formation을 통하지 않고 정보in-formation 전달은 절대 일어나지 않는다는 것, 형상 없는 물질에 범주를 부여하는 것은 없다는 것, 기술의 영역에서는 아무도 통솔하지 않는데, 기술이 통솔하기 때문이 아니라 진정으로 아무도, 아무것도, 심지어 익명의 힘의 장도 통솔하지 않기 때문이라는 것, 이것들은 모두 이 책에서 반복적으로 배운 것이다. 통솔하거나 장악하는 것은 인간의 특성도, 비인간의 특성도, 심지어는 신의 특성도 아니다. (PH 298)

주인은 존재하지 않으며, 다소 유능한 협상가만이 있을 뿐이다. 다수성의 저항에서 면제되는 거시적-힘은 존재하지 않으며, 오직 잠정적으로 정렬된 객체들이 국소적으로 접합된 정치적 네트워크만이 있을 뿐이다. 왕이 없는 복수우주에서는 모든 객체가 투표권을 얻는다. 이 책임을 포기하는 것은 절멸하는 것과 같다.

라투르는 민주주의적 형이상학을 고수하는 것이 과학과 정치의 효과적 실천에뿐만 아니라 종교의 효과적 실천에도 핵심적이라고 본다. 라투르에게 형이상학적 민주주의는 신의 현존을 결정적으로 금지하지 않는다. 오히려 형이상학적 민주주의는 다른 누군가의 음모론에서 주역(그리고 종종 악역) 역할을 수행하는 것으로부터 마침내 신을 해방한다. "근대주의적 곤경을 무대 위로 올리는 데 너무도 중요한 신학의 봉인은, 창조의 신으로 돌아감으로써가 아니라 오히려 반대로 주인이 아예 없다는 점을 깨달음으로써 해제될 것이다"(PH 298).

더는 환원주의 게임에서 경쟁자들에 의해 부수현상적 인epiphenomenal 망상으로 환원됨이 없이, 환원을 포기함으로써 왕좌에 대한 주장을 포기하는 종교는 다시 한번 투표권을 부여받을 수 있다. 라투르의 실험적 형이상학에는 모든 객체 ─ 객체들의 모든 실제 접합 ─ 를 위한 자리가 있으며, 신들도 그 예외가 아니다. 환원주의자들은 "신이 자기 형상대로 세계를 만든 것처럼 그들도 자신의 이미지대로 세계를 만든다고 믿는다. 이것은 신에 관한 낯설고 차라리 불경한 기술이다. 마치 신이 자신의 창조물의 주인이었던 것처럼! 마치 신이 전능하고 전지한 것처럼! 신이 이 모든 완벽성을 보유했다면, 창조는 없었을 것이다. 화이트헤드가 너무도 아름답게 제시한 것처럼, 신 역시 자신의 창조물, 즉 신을 조우하면서 변하고 수정되고 변경된 모든 것에 의해 약간 추월당한다"(PH 282~283). 여기서 "처음으로", 형이상학적 비환원에 비추어서, "신·왕·물질·기적·도덕성에 관련된 모든 관념이 번역되고 기록되며, 기구가 작용하게 만드는 관례를 통과하게 된다"(WM 20). 라투르가 주장하기를, 만약 신학에 미래가 있다면, 그것은 바로 우리를 "기구가 작용하게 만드는 관례를 통과하게" 하는 일에 있을 것이다. 우리에게는 다른 선택지가 없다. 결국, 이러한 기구의 매개는 피할 수 없는데, 왜냐하면 "우리는 참으로 신의 형상대로 만들어졌으며, 그러므로 우리 또한 우리가 무엇을 하고 있는지 알지 못하기" 때문이다(PH 283).

8

방법론

형이상학에 대한 라투르의 접근법은 일차적으로 방법론적 관심을 통해 형성된다. 라투르는 다음과 같이 질문한다. 만일 객체들의 네트워크를 설명할 책임을 지닌 것이 바로 그 객체들의 네트워크 자체인, 그러한 실험적 형이상학에 우리가 참여하고 싶다면, 그렇다면 실재적인 것의 본성에 관해 우리는 무엇을 가정해야 할까? 만일 우리가 선험적 환원을 밀수입하는 일을 피하고자 한다면, 만일 실재적인 것에 대한 모든 형이상학적 아웃소싱이 금지된다면, 어떤 종류의 객체가 작업을 수행할 수 있을까?

실재적인 것에 관한 라투르의 기본 가정은 모두 이러한 특수한 종류의 설명을 제공하려는 그의 시도에서 비롯된다. 우리는 이미 이러한 가정 중 두 가지를 나타냈는데, 다수성과 국소적 책임이다. 실험적으로 진행하려면 라투르는 세계가 비환원적 복수성이라는 점을 당연한 것으로 받아들여야 하는데, 근원적 통일성이나 배경 호환성을 함의하는 어떤 공리도 음모론을 통해 실험적 접근을 단락시킬 것이기 때문이다. 이와 유사하게, 라투르가 변화와 창조성에 대한 책임을 잠정적으로 안정된 세계의 접합들을 생산하고 수정하는 실제 작업을 수행하는 객체들의 다수성으로 국소화하기 위해서는, 변화와 창조성에 관한 형이상학적인 거시-설명을 금지해야 한다.

종합하면, 이 두 가지 가정은 라투르 기획의 방법론적 중추이다. 알랭 바디우에게서 빌린 간결한 정식을 환언하자면, 우리는 그것들을 다음과 같이 한꺼번에 요약할 수 있다. 즉, 비록 일자the One는 없지만, 통합체들unities은 있다(BE 23~24 참조). 혹은 약간 확장된 형태로 말하자면, (실체적인, 사전에 형성된) 일자는 없지만 (국소적으로 그리고 잠정적으로 생산된) 통합체들은 있다. 정식의 전반부(일자는 없다)는 환원에 대한 라투르의 금지를 요약한다. 후반부(통합체들이 있다)는 느슨하고 국소적이며 일시적인 네트워크의 복수성이 다수성 자체에 의해 생산됨을 상정한다.

일자에 관한 라투르의 입장으로부터 객체의 다수성은 셀 수 없어야 한다는 결론이 뒤따른다. 만약 다수성을 합산하는 것이 가능하다면, "일자는 없다"라는 진술은 더 이상 참이 아닐 것이다. 일자는 모든 것the All으로서 돌아올 것이다. 그러나 우리에게 "위대한 판은 죽었다"(PF 173). 만약 그렇지 않다면, "총체적인 것과 관련해서 그 앞에 무릎을 꿇는 것 외에는 할 수 있는 일이 없으며, 혹은 더 나쁘게는 완전한 권력의 자리를 차지하는 꿈을 꾸는 것 외에는 할 수 있는 일이 없을 것이다"(RS 252).

이와 유사하게, 만약 다수성을 근본적 입자의 균일한 기본 층으로 분해하는 것이 가능하다면, "일자는 없다"라는 진술은 더는 참이 아닐 것이다. 라투르에게 그러한 최종적 환원은 실용적으로 도달할 수 없는 것일 뿐만 아니라 공리적으로도 존재하지 않는 것이다. 객체가 물고기라면, "각각의 물고기 안에는 물고기로 가득 찬 연못이 있다"(PF 161). 각각의 객체는 다수성이다. 그리고 "블랙박스 내부의 각 부품은 그 자체로 부품으로 가득 찬 블랙박스"일 뿐만 아니라, 각 객체는 다른 객체를 구성하는 것의 부분이기도 하다(PH 185). 그러나 각 객체가 벌집이고 그 벌집은 "사방에서 떼 지어 모인 다른 벌집으로 만들어진" 벌집이라면, 그리고 이것이 "무한정 계속된다면, 우리는 도대체 언제 멈춰야 하는가?"(RS 121~122). 원리상, 우리가 멈춰야 할 지점은 결코 없다. 물론 실천에 있어서 우리는 이용 가능한 자원이 우리를 데려가는 데까지만 갈 것이다.

결국, 떼 지어 모인 벌집은 깔끔하게 포개진 상자의 집합보다 객체에 대한 은유로서 더 적합할 수 있는데, 왜냐하면 "질서"는 복수우주의 표준 조건이 아니기 때문이다. 라투르의 복수우주에서, 부분들의 단순하고 근원적인 양립 가능성은 객체가 잔여물 없이 붕괴되고 환원될 수 있게 하므로 옹호될 수 없다. 대신, 라투르에게 연결은 언제나 접합을 통해 구축되어야 한다. 접합은 각 객체의 일부 양상을 방향성 네트워크로 잠정적으로 묶는 방법을 찾으면서도 네트워크 밖에서 각 객체가 가진 특이성을 보존하는 방법이다.

그렇다면, (오직 방법론적인 이유를 위한 것일지라도) 일자를 금지한 라투르는 실재적인 것의 무한한 분할 가능성과 무한한 합성 가능성 모두에 전념한다. 원리상 다수성에는 상한선도 하한선도 있을 수 없으며, 미시·거시·중간을 막론하고 어느 하나의 척도가 다른 것보다 더 실재적이거나 더 근원적이라는 특권을 가질 수 없다. 실제로, 라투르의 형이상학에서 객체를 상위 또는 하위층으로 전지구적으로 분산하는 기획 자체는 실패하는데, 왜냐하면 "전지구가 없기" 때문이다(PF 220). 대신 층은 오직 국소적이고 관습적인 중요성만을 지닌다. 라투르에게 "작은 것이 큰 것을 지탱"하며, "큰 것이 언제라도 다시 작은 것에 압도당할 수 있다"는 것은 언제나 참이다(RS 243).

그러나 다수성으로 뒤덮였다는 것은 라투르의 기획에서 재앙이 아니다. 우리 자신이 불가역적으로 소속되어 있는 다수성, 객체의 다수성에 의해 수행되는 작업을 설명하고 기술할 때 우리는 객체들 자체보다 더 잘하기를 바랄 수 없다. 우리는 접합하는 네트워크 속에서 객체가 전개하는 것과 동일한 도구를 사용할 수 있을 만큼 충분히 겸손해야 한다. 결국 이것이 라투르의 기획이 지닌 요점이다. 객체들은 셈$^{a count}$을 허용할 수도 있지만, 우리는 **최종적 셈**$^{the count}$에 도달할 수 있으리라고 기대할 수 없다. "만일 우리가 이 장면의 모든 성분이 일어서서 세어지길 바란다면, 우리는 그 일을 성취할 수 없을 것이다. 왜냐하면 성분들이 너무 많거나 성분들이 효과적인 중개자 역할을 수행함으로써 필연적으로 숨겨지는 복잡한 기계의 부분이어서, 그것들을 일거에 강조할 방법이 없기 때문이다. 얼마나 많은 이산적 존재자가 마이크 속에 있는가? 이 몸속에는? 이 학교 조직 속에는? 아무리 여러 번 세어도 당신은 같은 수를 얻지 못할 것인데, 매번 다른 행위자가 표시되고 그 외의 행위자는 휴면 상태로 들어갈 것이기 때문이다"(RS 201). 당신의 고양이의 숫자를 세는 것은 유용할 수 있지만, 탁 트인 평원을 가로질러 고양이를 몰고 다니면서 그 수를 세는 것이 확정적일 것이라고 기대하지는 마라.

9

평평한 존재론

일자를 금지함으로써, 라투르는 자신의 존재론을 평평하게 만든다. 투박한 이미지를 사용하자면, 라투르는 객체들을 둘러싸고, 흡수하며, 환원할 수 있는 일종의 2차원 평면에서 작업하지 않는다. 대신, 라투르는 차원을 제거하여, 접합을 기본적인 존재론적 조작으로 여기는 형이상학에 적절한 일차원 선들을 가지고 우리가 작업하게 한다. 이런 방식으로, 라투르는 속기에서 장기로, 치환에서 첨가로, 환원에서 접합으로 이동하게 한다. 여기서 "전지구"는 존재할 수도 있지만, 그것은 그것을 구성하는 부분들을 아우르고 치환하는 무언가는 아니다. 오히려, 그것은 회합을 지향하는 객체들의 끈 끝에 첨가된 또 하나의 객체이다.

그 결과, 라투르의 비환원 도식에서 부분과 전체가 관계하는 방식에 관한 우리의 전형적인 논리는 실패하는데, 왜냐하면 각각의 객체는 완전히 양립 가능하지는 않은 선들의 수를 따라 무한정적으로 확장하기 때문이다. 사실, 어떤 한정적인 의미에서의 "전체도 부분도 없다"(PF 164). 부분/전체 구별은 그 자체로 언제나 국소적이고 잠정적이며 누가 어떤 방식으로 누구를 세는지에 의존한다. 라투르의 조언에 따르면, 실험적 형이상학에서 우리는 "거시적인 것이 미시적인 것을 아우른다고" 생각해서는 안 되는데, 이는 "미시적인 것이 통약 불가능한 존재자들의 증식으로 이루어져 있기 때문"이다. 이들 각각의 존재자는 "잠정적인 전체를 만들기 위해 단순히 자신의 양상 중 하나, '자신의 외관'을 빌려주고 있다"(RS 243). 그러한 시나리오에서, 모든 단순히 국소적일 뿐인 구역을 "압축할 수 있는 다른 장소는 존재하지 않으며", "그것들이 모두 거주하는 '어떤' 초-메가-거시-구조를 묻는 것은 어리석은 일이다"(RS 191). 라투르에 따르면, "전지구적인, 모든 것을 아우르는 장소는 없다"(RS 191). 혹은 같은 것을 다르게 말하자면, " '비국소적'이라고 말해질 수 있는 장소는 현존하지 않는다"(RS 179), 국소화되고, 셀 수 없고, 오직 잠정적으로만 통합된 복수성이 규칙이다. 접합된 객체의 선들은 있지만, 이러한 선들이 내장되어 있는 추가적 차원을 지닌 "상위"의 형이상학적 평면은 없다. 오직 더 많고 더 긴 선만이 있을 뿐이다.

그러나 정확히 "일자는 없다"라는 라투르의 주장이 "통합체는 있다"라는 그의 주장을 배제하지 않는 것처럼, "전지구는 존재하지 않는다"라는 그의 주장이 "거시적인 것들이 있다"라는 그의 주장을 배제하지 않는다는 점을 분명히 하는 것이 중요하다. 거시적인 것은 있지만, "거시적인 것은 상호작용들의 '위'도 '아래'도 아니며", 대신 "상호작용들의 연결에 대한 또 다른 연결로 첨가되어, 상호작용을 형성하고 상호작용들을 통해 형성된다"(RS 177). "거시적인 것은 더 이상 어떤 러시아 마트료시카 인형처럼 미시적인 것이 내장된 더 넓고 더 큰 구역을 기술하지 않으며, 다른 많은 것과 연결된 동등하게 국소적이고 동등하게 미시적인 또 다른 장소를 기술한다 … 어떤 장소도 다른 장소보다 크다고 말해질 수 없지만, 어떤 장소는 다른 장소보다 더 많은 장소와 훨씬 더 안전하게 연결됨으로써 이득을 본다고 말해질 수는 있다"(RS 176). 이 접근법의 결과는, 국소적 네트워크와 관련된 연결의 수와 내구성이라는 측면에서는 규모의 상대적 변화를 허용하지만, 형이상학적 풍경의 평평함은 유지시킨다는 것이다. 거시적인 것은 미시적인 것과 종류가 다르지 않다.

라투르는 비환원적이고 비신론적인 형이상학에 적절한 이 이상한 위상학을 기술하는 방식으로 "네트워크"라는 용어를 채택한다. 라투르가 정의한 것처럼, 네트워크 위상학은 "체계의 개념보다 유연하고, 구조의 개념보다 역사적이며, 복잡성의 개념보다 경험론적"이기 때문에 실험적 형이상학의 "아리아드네의 실"이라 할 수 있다(WM 3). 또는 그가 다른 곳에서 논한 것처럼, "네트워크라는 단어는 서로 연결 – 접속과 그물망 – 되어 있는 몇 개의 장소 – 매듭과 교점 – 에 자원들이 집중되어 있음을 나타낸다"(SA 180). 이러한 "네트워크"는 전통적인 형이상학의 탄탄하고 실체적인 "보편자"에 대한 유약한 대체물이다. 라투르의 설명에 따르면, 네트워크의 가는 실들이 "흩어진 자원들을, 모든 곳으로 확장되는 것처럼 보이는 관계망으로" 변형시킬 수 있다는 것은 참이다(SA 180). 그러나 이러한 거시적 연결은 다른 연결과 마찬가지로 국소적이고 잠정적이기 때문에, 의미 있는 것을 첨가하기 위해서는 측정·실천·기구에 의존한다. 라투르의 말에 따르면, "전화가 곳곳에 퍼졌다는 것은 참일 수 있지만, 우리는 콘센트와 수신기에 연결되어 있지 않으면 통화가 바로 다음 순간 끝날 수도 있다는 것을 여전히 알고 있다"(WM 117). 이런 의미에서 라투르의 거시적인 것은 "플라톤주의적 이데아보다 케이블 텔레비전 네트워크와 더 많은 공통점을 갖고 있다"(WM 119).

10

국소적 구성

우리의 정식 − "비록 일자는 없지만, **통합체들은 있다**" − 의 후반부는, 그 자체로 객체의 다수성으로 구성된 객체의 다수성이, 어떻게 존재하는 통합체를 국소적으로 구성하는 데 책임이 있는지를 강조한다. 사전에 형성된 세계가 없다면 객체의 다수성은 자력으로 통합체를 구성해야 한다. 여기서 라투르의 내기란, 크고 느린 환원주의 부양 장치를 제거해도 객체들이 잘 해내리라는 것이다.

그러나 환원에 호환적인 세계의 미리 직조된 왕권을 "일단 우리가 빠져나오면 우리에게 남는 것은, 집단이 수행하는 작업을 통해 제공되는 자신들의 통합성을 기다리고 있는 인간과 비인간의 연합이라는 평범함이다"(PN 46). 전통적인 형이상학에서 "규칙은 질서이고 부패, 변화, 창조는 예외"인 반면, 라투르에게는 "수행이 규칙이며, 설명되어야 하는 골치 아픈 예외는 장기간 대규모에 걸친 모든 유형의 안정성이다"(RS 35). 통합체는 주어진 것이 아닌 생산물로 이해되어야 한다. 통합체는 수행, 행위, 조작으로서 접근되어야 하며, 그리고 어떤 접합의 형성을 협상하는 데 시간과 에너지, 돈이 필요하다는 점은 말할 필요도 없다. 라투르에게 형이상학을 한다는 것은 이 금전적 흔적을 따라가는 것과 같다.

무임승차는 없는데, "예정조화가 없기" 때문이다(PF 164). 그 대신에 조화는, 비록 완전히 결여된 것은 아니지만, "수선을 통해 사후에 국소적으로 확립된다"(PF 164). 고전적 실체가 명령하고, 결정하고, 필연적으로 만들 때, 라투르의 객체는 수선하고, 협상하고, 타협한다. 왜냐하면 통합체는 "논쟁의 여지가 없는 출발점이 아니라 복합적 회집체가 잠정적으로 달성한 것"이기 때문이다(RS 208). 그 무엇도 통합체, 조화, 혹은 공통 출발점을 보증할 수 없다. 그러한 보증을 서줄 주인은 남지 않았다. 라투르의 유일한 형이상학적 보증은 형이상학적 보증이 없다는 점이다. 이를 제쳐두면, 다른 모든 것은 객체들 자체에 의해 지상에서 해결되어야 한다.

결론은 라투르의 객체들이 그다지 단단하지 않다는 것이다. 그것들은 실재적이지만, "이러한 실재적이고 객관적이고 비정형적이며, 무엇보다도 **흥미로운** 행위성들은 정확히는 객체가 아니라 **회합**으로 간주된다"(RS 114). 게다가, 임의의 객체를 잠정적 통합체로 회합하기 위해서는 작업이 수행되어야 할 뿐만 아니라, 그 객체가 회합된 채로 남기 위해서는 지속적으로 작업을 해야 한다. "귀중하고 유약한" 이러한 접합은 "세심한 주의를 기울여야만 살아남을 수 있다"(WL 162). 일단 회집되면, 적은 유지보수만으로 그 객체로 계속 있을 수 있는 객체들이 있겠지만, 유지보수가 필요하지 않은 객체는 없다. 그렇다면, "(재)집결 없이 집단은 없다"라는 결론이 뒤따른다(WL 149).

모든 집결은 일종의 재집결이라는 라투르의 주장은 적어도 두 가지 의미에서 참이다. 일단 회합하면 모든 객체는 자신의 통합성을 유지하기 위해 즉각적이고 계속적으로 자신의 구성요소를 재회합하거나 교체해야 한다는 의미에서 그것은 참이다. 그러나 라투르에게는 이 회합 작업에 지정할 수 있는 시작 지점이 있을 수 없기 때문이라는 더 넓은 의미에서도 그것은 참이다. 모든 회합은 이미 유통되고 있는 객체들을 재회합하거나 재결집하는 과정으로 진행되어야 한다. 조작으로서의 질서와 통합성은 객체를 무로부터, 혹은 "순수한 혼돈"으로부터 회집하지 않는다. 그것들은 신들이 아니다. 어떤 접합된 짜임configuration 속의 어떤 객체가 언제나 이미 작업 중이어야 한다. 실험적 형이상학은 언제나 사물들 한가운데서in medias res 시작하는데, 사물들 한가운데 외에는 아무것도 없기 때문이다. 라투르의 설명에 따르면, 모든 창조 행위는 용도 변경, 재활용, 재결집으로 조작하는 일종의 굴절적응exaptation으로 이해되어야 한다. 그 무엇도 무로부터 나올 수 없다. 객체의 다수성은 시작을 가지지 못한다. 형이상학적 아담이나 이브가 없다면, "질서는 무질서가 아니라 질서들로부터 추출된다"라는 점은 하나의 규칙이다(PF 161). 출발점이나 공통 기원이 상정된다면 우리는 어떤 객체나 객체들이 다른 객체들보다 더 원시적이고 더 근원적인 것이 되는 음모론의 한가운데로 다시 뛰어들게 될 것이다. 비록 어떤 객체는 다른 객체보다 우선하지만, 더 근원적인 객체는 없다.

이러한 의미에서, 세계에 관한 어떤 사전적인 결단도 피하려는 라투르의 겸손한 방법론적 헌신은 실재적인 것에 관한 절제되었지만 아마도 놀랍도록 중대한 형이상학적 가정을 요구한다. (1) 실재적인 것은 유한하기보다는 다수적이고 무한해야 하며, (2) 이 무한한 복수성은 그 자체로 시작이나 끝이 없어야 한다. 라투르에게, 실재적인 것은 창조될 수도 없고 유한하지도 않다. 그것의 다수성은 영원하고 무한해야 한다. 그 결과로, "사르트르가 인간에 관해 말한 것 - 실존이 본질에 앞선다 - 은 모든 행위소에 관해 말해져야 한다"(WM 86). 인간이든 비인간이든 신이든, 모든 객체의 본질은 출발점이 아니라 규칙에 따른 생산물이다. 한때 인간이나 신만을 특징짓는 희귀 상품이었던 초월과 무한을 라투르는 가장 편재적이고 평범한 것으로서 객체의 다수성에 분배한다. 이제 객체들 스스로가, 이전까지 신들이 우리에게 수행했던 그 작업에 착수해야 한다.

11

다마스쿠스[1]로 가는 길

기본 틀이 준비되었으므로 우리는 라투르 기획의 핵심인 비환원의 원리를 주의 깊게 살펴볼 준비가 되었다. 라투르는 자신이 "유사-자전적 양식"pseudoautobiographical style이라고 부르는 것을 채택하여, 자의식적으로 (그리고 약간 패러디적으로) 종교적 언어를 통해 그가 비환원의 원리에 도달한 방식을 기술한다. 라투르는 기진맥진한 상태로 디종에서 그레이로 돌아가고 있었다. 길을 가던 도중 라투르는 갑작스럽게 계시를 받아 멈춰 섰고, 계시는 라투르를 정신

---

1. * 다마스쿠스는 시리아의 수도이자 세계에서 가장 오래된 도시로, 사도 바울은 다마스쿠스로 가는 길에 예수의 환상을 체험하고 기독교로 개종한다. 그래서 '다마스쿠스로 가는 길'이라는 표현은 생각이나 태도가 완전히 바뀌는 경험을 설명할 때 사용된다.

차리게 하며 그를 괴롭히는 악마들을 하나씩 "퇴치"했다. 라투르는 계시를 받고, 환원적으로 보는 자신의 시력이 손상되어 마치 바울처럼 눈이 먼 것을 발견한다. 하지만 바울과 마찬가지로 이 실명은 또한 다수성의 비환원적 아름다움에 대한 통찰력을 가져다준다. 라투르 자신의 설명은 길게 인용할 가치가 있다.

1년 동안 나는 프랑스 지방의 그레이에서 가르쳤다. 1972년 겨울 말, 디종에서 그레이로 가는 도중에 나는 환원주의 과다 복용으로 인해 정신을 차리고 멈춰서야 했다. 기독교인은, 세계를 창조했기 때문에 세계를 자신에게로 환원할 수 있는 신을 사랑한다. 천주교인은 세계를 로마 구원의 역사에 국한시킨다. 천문학자는 빅뱅으로부터 우주의 진화를 추론하여 우주의 기원을 찾는다. 수학자는 다른 모든 것을 정리와 귀결로 나타낼 수 있는 공리를 찾는다. 철학자는 나머지 모든 것을 부수현상적인 것으로 만드는 근본적인 토대를 찾고자 한다. 헤겔주의자는 사건으로부터 이미 사건에 내재한 무언가를 짜내려고 한다. 칸트주의자는 사물을 먼지 알갱이로 환원시킨 다음, 노새처럼 번식력이 강한 선험적 종합판단으로 재조립한다. 프랑스 기술자는 계산에 잠재력이 있다고 말하지만, 이 계산은 인맥이라는 관행에서 비롯되었다. 행정가는 책임자와 실무자, 주체를 찾는 데 결코 지치지 않는다. 지식인은 저속한 사람들의 "단순한" 관행과 의견을 명시적이고 의식적으로 만들기 위해 노력한다. 부르주아 계급의 아들은 포도 재배자, 상인, 그리고 회계인에게서 부의 추상적인 순환의 단순한 단계들을 본다. 서양인들은 종과 제국의 진화를 클레오파트라의 코, 아킬레스건, 넬슨 제독의 실명으로 축소하는 데 지치지 않는다. (PF 162~163)

라투르의 목록은 계속 이어지지만, 대략적인 내용은 다음과 같다. 라투르는 모든 사람이 "모든 것을 무에 집어넣기 위해, 거의 무에서 모든 것을 추론하기 위해, 위계질서를 세우기 위해, 심오해지거나 우월해지기 위해, 객체들을 모아 조그마한 공간에 강제로 집어넣기 위해"(PF 163) 일하고 있다고 여러 가지 예시를 들어 말한다. 우리가 "주체, 기표, 계급, 신, 공리"에 관해 이야기하든, 다른 무엇에 관해 이야기하든 상관없이 모든 사람은 "무라는 용 또는 총체성이라는 용"을 "동반자로 삼기 위해" 일하고 있다(PF 163).

그러나 라투르가 회상하기를, 이러한 환원의 무게에 짓눌려 있을 때 갑자기 번개가 내리쳤다.

지쳐서 기진맥진해 있을 때, 갑자기 나는 모든 것이 여전히 남아 있다는 느낌이 들었다. 기독교인, 철학자, 지식인, 부르주아, 남성, 지방, 프랑스인, 나는 공간을 만들고 내가 말한 것들이 "서로 대등하게 서 있기 위해" 필요한 자리를 허용하기로 결정했다. 그 당시에 나는 지금 내가 쓰고 있는 글에 관해 아무것도 몰랐고 그저 나 자신에게 이렇게 반복해서 말했다. "어떤 것도 다른 것으로 환원될 수 없고, 어떤 것도 다른 것으로부터 연역될 수 없으며, 모든 것은 다른 모든 것과 동맹을 맺을 수 있다." 이는 악마를 한 마리씩 물리치는 엑소시즘 같았다. 매우 파란 겨울 하늘이었다. 나는 이제 하늘을 우주론으로 뒷받침하거나, 그림으로 표현하거나, 글로 번역하거나, 기상 논문에서 측정하거나, 타이탄 위에 올려놓아 내 머리에 떨어지지 않게 할 필요가 더는 없었다. 나는 그 하늘을 다른 장소의 다른 하늘들에 추가하고 다른 하늘들을 그 하늘로 환원하지 않으며, 그 하늘을 다른 하늘들로 환원하지도 않았다. 하늘은 "대등하게 서서" 달아났고, 알 수도 없고 알지 못할 수도 없는, 오직 자신만이 자신의 장소와 목표를 정의한 곳에 그 자신의 자리를 잡았다. 그것과 나, 그들과 우리, 우리는 우리 자신을 서로 정의했다. 그렇게 내 인생에서 처음으로, 환원되지 않고 자유로운 사물들을 나는 보았다. (PF 163)

12

비환원의 원리

라투르의 비환원 원리의 공식적인 버전은 다음과 같다 : "어떤 것도 그 자체로 다른 어떤 것으로 환원 가능하거나 불가능하거나 한 것이 아니다"(PF 158). 실용적으로 ― 우리가 보았듯이, 라투르에게 실용적인 문제와 형이상학적인 문제는 분리될 수 없으며, 실제로 방법론적인 관심이 라투르의 형이상학적인 버스를 이끄는 원동력이 되고 있다 ― 비환원의 원리는 다음의 조언에 해당한다. "'천천히 가라'는 명령에 이어, 이제 '비약하지 마라'와 '모든 것을 평평하게 유지하라'라는 명령이 뒤따른다"(RS 190).

그런데 우리가 천천히 가고, 비약하지 않으며, 모든 것을 평평하게 유지하면 어떻게 될까? "아무것도 다른 것으로 환원되지 않는다면 무슨 일이 일어날까? 우리가 힘이 무엇인지에 관한 우리의 지식을 유보하면 무슨 일이 일어날까? 사물들이 서로와 맺는 관계 방식이 어떻게 변화하는지 우리가 알지 못할 때 무슨 일이 일어날까? 우리가 모든 것을 환원하려는 이 짐, 이 정념, 이 분개, 이 집착, 이 불꽃, 이 격노, 이 눈부신 지향, 이 초과, 이 미친 욕망을 포기하면 무슨 일이 일어날까?"(PF 157). 우리가 사전에 결단을 내릴 수 없으므로, 우리는 밖으로 나가서 객체들 자체와 상의해야 한다. "환원 가능하지도 비환원적이지도 않은 것은 시험되고, 계산되며, 측정되어야 한다. 다른 방법은 없다"(PF 158).

그런데 객체가 비환원적이라면, 객체는 어떻게 시험되고, 계산되며, 측정될 수 있을까? 어떤 객체도 다른 객체로 완전히 환원될 수 없다는 것은 참이지만, 어떤 객체도 다른 객체로 **부분적으로** 환원되는 것으로부터 자유롭지 않다는 것 또한 참이다. 객체들은 사전에 설명될 수 없는데, 우리가 객체들을 형이상학적 일반성으로 완전히 환원할 수 없기 때문이다. 그러나 각 객체는 수많은 다른 객체로 구성되고 수많은 다른 객체와 관계되어 있으므로, 모든 객체는 시험·계산·측정과 같은 단순한 수단을 통해 다른 객체로 부분적으로 환원될 수 있다.

라투르의 정식의 추상적인 탁월함은 그 정식이 환원과 비환원 사이의 균형을 맞추는 방식에서 잘 드러난다. 내가 보기에 그것은, 두 가지 구별 가능하면서도 접합된 주장을 공리로 세운다.

근원적 다수성을 감안할 때, (1) 어떤 객체도 다른 객체나 객체 집합으로 잔여물 없이 완전히 환원될 수 없으며, (2) 어떤 객체도 다른 객체나 객체 집합으로 **부분적으로** 환원되는 것으로부터 선험적으로 면제되지 않는다.

요컨대, 이 원리는 (1) 일자를 금지하고 (2) 다수성의 생산성을 강화한다.

원리의 첫 번째 부분은 일자를 금지하며, 이 점은 어떤 주어진 제목 아래로 객체들이 완전히 통합되는 것을 방지하기 때문에 다수성을 보장한다. 모든 관계는 언제나 포섭되지 않은 잔여물을 수반할 것이다. 총체성으로서의 일자는 금지되었다. 원리의 두 번째 부분은 중첩의 가능성과 소통 가능성을 보장한다. 어떤 다수체도 부분적으로 다른 다수체로 환원되는 것으로부터 면제될 수 없다. 원리적으로, 모든 것은 다른 모든 것과 어떤 종류의 관계를 맺을 수 있다. 여기서, 관계로부터 면제되는 주권적 예외로서의 일자는 금지된다.

라투르는 이런 식으로 명시적으로 설명하지는 않지만, 비환원 원리의 두 가지 반쪽은 (1) 저항과 (2) 이용 가능성이라는 측면으로 간결하게 요약될 수 있다. 모든 객체가 이용 가능함에도 모든 객체는 관계에 저항한다. 완전히 저항하는 객체는 없으며 완전히 이용 가능한 객체도 없다. 객체는 저항적 이용 가능성이라는 이 이중-구속의 방식으로 구성되었다. 저항적 이용 가능성은 가능한 작업을 필연적인 것으로 만들면서 동시에 그것을 제공한다.

이 점을 좀 더 미묘하게 표현하자면, 객체는 불가피하게 관계를 위해 이용 가능하지만 자신의 관계들로 환원되는 것에 저항하며, 이 저항으로 인해 이러한 관계들은 잔여물 없이 합산될 수 없다. 그리고 핵심적인 점은, 비록 라투르의 객체들은 언제나 어떤 포섭되지 않은 잔여물을 품고 있지만, 이 잔여물은 그 자체로는 완전히 물러나거나 관계에 이용 불가능한 것이 아니라는 것이다. 오히려, 모든 주어진 잔여물은 특수한 관점에서, 특수한 관계 집합을 위해서, 혹은 특수한 종류의 측정과 관계해서만 이용 불가능한 것일 따름이다. 결과적으로, 라투르가 객체의 관계 집합이 한정적으로 셀 수 있거나 전적으로 양립 가능하다고 가정하지 않는 한, 객체는 "자신의 관계들 이외의 것이 아닌" 동시에 "자신의 관계로 환원될 수 없는" 객체가 될 수 있다. 그리고 라투르의 입장은 바로 다음과 같은 것이다. 어떤 객체의 관계 집합도 한정적으로 셀 수 있거나 전적으로 양립 가능한 것이 아니다.

객체에 관한 이러한 설명은 라투르의 실험적 형이상학의 큰 틀과 완벽하게 일치한다. 객체가 현존한다면, 객체는 부분적으로만 양립될 따름인 관계 집합의 잠정적 통합체로 현존할 뿐이다. 객체는 어떤 포괄적인 방식으로 자신의 부분들을 치환할 수 없으며, 치환될 수도 없다. 거시적인 것으로서의 객체는 다른 모든 거시적인 것과 마찬가지로 첨가적인 무언가로 이해되어야 한다. 그 객체는 무엇도 깔끔하게 포섭하거나 포괄하거나 흡수할 수 없다. 그 객체는 접합된 끈의 끝에서만 첨가될 수 있을 따름이다. 객체는 실재적이고 이용 가능하지만 비환원적으로 난잡하다. 모든 객체는 원주율 파이⟨pi⟩처럼 무리수이다.

일반적으로, 비환원의 원리는 객체의 공-조건화를 무조건적이고 절대적인 것으로 만든다. 비환원의 원리는 선험적 환원 또는 예외라는 음모론적 공리를 공리적으로 배제한다. 라투르에게는 그 무엇도 무조건적이지 않다 — 그 무엇도 무조건적이지 않다는 무조건적인 주장을 제외하고는 말이다.

13

초월

비환원의 원리를 저항적 이용 가능성의 관점에서 특징 짓는 것은 또한 초월이라는 개념을 실험적 형이상학에 사용하기 위해 개조할 수 있게 해준다. 초월은 이 세계와 더 고등하고 더 근원적이며 무조건적인 다른 세계 사이의 단일하고 한정적이며 초자연적인 차이를 명명하지 않는다. 대신, 초월은 각 객체 자체의 저항성을 구성하는 분산되면서도 국소화된, 초자연적이지 않은 다수의 초월들을 명명한다. 그리고 라투르에게는 이러한 초월들 중에서 원리상 어떤 초월도 다른 초월과 다르지 않다는 점에 주의하는 것이 중요하다. 타자의 다수성이 존재하지만, 어떤 타자도 전적인 타자Wholly Other가 아니다.

이 시점에서, 형이상학적 왕족에게 고유한 신적 권리라고 여기는 것을 방어하려는 사람들의 반론을 예측하기는 어렵지 않다. 라투르는 "어떤 수를 써서라도" 우리는 "하늘과 땅, 세계적 무대와 지역적 장면, 인간과 비인간을" 뒤섞어서는 안 된다고 반론을 제기할 환원주의자들을 상상한다(WM 3). 이 실험에 대한 그들의 반대는 주목할 만하지만, 라투르의 접근법에 이점이 있다면 바로 다음과 같은 것이다. 비환원의 원리는 하늘과 땅, 세계적 무대와 지역적 장면, 인간과 비인간을 하나의 지저분하고 형이상학적인 펄프로 유화emulsify시키는 산업용 믹서기에 불과하다. 비환원의 원리는 형이상학적 전제 조건으로서 "초월들의 단일한 증식"(WM 129)을 초래한다.

라투르가 초월을 유화시키는 것은 그의 형이상학을 "반대되는 것이 없는 초월에 관한 탐구"(WM 129)로 기술하게 만든다. 라투르는 묻는다. "초월에는 반드시 반대되는 것이 있어야 한다고 누가 말했는가?"(WM 128) 덧붙여서, 초월은 희귀하고 수직적이어야 한다고 누가 말했는가? 라투르의 설명에 따르면, 초월은 "거대한 수직적 간극"을 표시하는 것이 아니라 "일련의 점진적이고 추적할 수 있는 변형들로 구성되는, 참조reference의 수평적 경로들 사이의 여러 작은 차이"를 표시한다(PH 141). 하나의 결정적인 차이가 없는 상황에서, 초월은 모든 객체에 교유한 비환원적이지만 조건화된 저항, 즉 관련된 모든 당사자의 협상되었지만 점진적인 변형을 요구하는 저항을 명명한다.

일반적으로, "저항적 이용 가능성"은 객체를 구성하는 저항적 초월성과 내재적 이용 가능성의 상대적, 다수적, 유동적 선들이 만나고 헤어지는 분수령을 명명한다. 어떤 한 의미에서, 반대되는 것이 없는 라투르의 초월은 "초월적이지도 내재적이지도 않고 발효fermentation에 더 가까운 완전히 특별한 종류의 활동"과 유사한데, 각각의 객체나 객체들의 네트워크는 "결코 자기 자신과 정확히 일치하지 않으며, 결코 위로부터 주도되거나 명령받거나 지시되지 않기" 때문이다(PH 247). 실험적 형이상학에서 객체는 언제나 양조되고, 언제나 부풀어 오르고, 언제나 거품이 넘친다. 여기서 분산되면서도 국소화된 초월에 대한 모델은 발효이다. "발효"는 실험적 신학에서도 전문적이고 신학적인 용어로 중요하게 받아들여질 수 있다.

또한, 일종의 발효로 이해되는 초월은 "순수성"이라는

개념과도 분리되어야 한다. 초월은 여전히 차이·거리·저항을 표시하지만, 오직 국소적·상대적·잠정적으로만 표시하기 때문에 순수성과 분리된다. 라투르의 복수우주에 신들이 현존한다면, 신들은 순수하거나, 무조건적이거나, 예외적이지 않다. 신들은 번역, 협상, 절충의 필연성에서 벗어나 있지 않다. 신들은 또한 기법, 기구, 기술, 계산, 계측의 필요성에서 벗어나 있지 않다. 신들도 다른 모든 객체와 마찬가지로 증식하는 다수성의 저항적 이용 가능성을 선물로 받아야 한다.

라투르는 순수성의 이름으로 우리의 "빈약한 세계에는 영혼이 없다"라거나 "가장 더러운 손으로 조각한 나막신도 깡통 이상의 존재를 가지고 있다"라고 생각하는 사람들을 참지 못한다(PF 208). 그러한 형이상학적 엘리트주의자들은 "모든 곳에 사막이 있으며", "신들은 기술 속에 거주할 수 없고", "과학을 통해서 발견될 수 없으며", "정치학, 사회학, 심리학, 인류학, 역사에 존재하지 않는다"라고 주장한다(WM 65). 반대로 라투르는 이렇게 선언한다. "여기에도 신들이 현재한다"(WM 66). 음모론을 금지한 이래로, 초월들의 증식을 사전에 검열할 수 있는 수단은 있을 수 없다. 신들은 "라인강 변의 수력발전소에도, 아원자 입자에도, 손으로 파진 나막신과 마찬가지로 아디다스 신발에도, 세월의 흔적이 담긴 풍경과 마찬가지로 기업식 농업에도, 횔덜린의 가슴 뭉클한 시와 마찬가지로 상점 주인의 계산에도" 현재한다(WM 66). 일자가 금지되어도 초월은 사라지지 않으며, 빵과 물고기처럼 증가한다. 축복받고, 분할되며, 공유된 초월은 그 어느 때보다도 현실적이고, 실질적이며, 편재하지만, 그 대가는 순수성이다. 다수성의 손은 더러운 법이다.

14

전위된 은혜

초월의 이 전위dislocation, 轉位 — 근원적이고 단일한 존재론적 예외로서의 지위에서 다수성의 저항적 이용 가능성을 특징지으며 확산된 것으로서의 전위 — 는 은혜의 전위와 분산을 동시에 표시한다.

전통적으로 은혜는 신의 초월에 대한 내재적 표현으로 정의되며, 전통적으로 이러한 초월은 그 자체로 신이 예외적인 일자라는 점에 의존한다. 초월은 무조건적인 근원적 일자와 창조되고 조건화된 다른 모든 것의 우연적인 다수성 사이에 있는, 초자연적이고 유신론적인 간극을 명명한다. 그러므로 은혜는 신이 나머지 실재에 대해 초과적이고, 나머지 실재를 가능하게 하며, 나머지 실재로부터 절대적인 예외라는 점에서 비롯된 것으로 이해된다. 집의 주인은 자기 의지대로 할 수 있고 결과를 보장할 수 있다. 그러나 만약 그러한 시동자가 없다면, 만약 실재가 언제나 이미 비환원적인 뒤엉킴이라면, 신은 초자연적인 예외가 될 수 없으며, 차례로 은혜는 그러한 초월의 관점에서 정의되거나 단일한 기원-점에서 비롯된 것에 국한될 수 없다.

라투르는 은혜라는 주제를 직접적으로 다루지는 않지만 ― 바로 그 주제를 다루는 것이 이 책의 작업이다 ― 그의 복수우주에서 은혜는 하늘로부터 내려올 수 없다는 점은 분명하다. 하늘과 땅은 유화되었다. 오히려, 은혜는 다수성의 발효로부터 출현해야 한다. 은혜는 객체들의 부산한 주고받기 속에 내장되어 있어야 한다. 라투르의 시나리오에서 은혜는 초월과 마찬가지로 이제 형이상학적인 "반대"를 결여한다. 굴드의 표현을 빌리자면, 반대되는 것이 없는 은혜는 "알 수 없는 대규모의 우주적 힘"에서 끌어내려져 대신 "시험 가능한 소규모 힘"으로 조작하게 된다. 비신론적인 객체지향 형이상학으로 이식된 은혜는 작업 중인 객체로 조작하게 된다.

라투르는 초월들의 이러한 증식 ― 그리고 그 연장선에서 은혜의 증식 — 을 좋은 소식으로 반긴다. 그 증식은 적어도 우리가 과학, 플라스틱 포크, 휴대전화로 세계를 탈주술화하고 신성한 것을 쫓아냈다고 비난한 허무주의의 모든 예언자가 허풍으로 가득 차 있다는 것을 의미한다. "만약 내재가 아니라 네트워크, 행위자, 행위소가 있을 따름이라면, 우리는 탈주술화될 수 없다. 인간은 순수한 물질적 힘들에 '상징적 차원'을 자의적으로 추가하는 존재자가 아니다. 이 힘들은 우리처럼 초월적이고 활동적이며, 흥분되었고 영적이다"(WM 128). 우리는 많은 죄를 지었을지 모르지만 적어도 이 형이상학적 범죄에 대해서는 유죄가 아니다. 세계는 언제나 이미 혼란스럽고, 그렇지 않았던 시기는 없었다. 세계를 탈신성화하는 것은 세계 자체의 존재론적 난잡함이 아니라 환원하고 정화하려는 충동이다. 우리는 이 세계와 다른 세계를 뒤섞거나 한때 우리를 더 높은 차원에 묶었던 끈을 끊는 죄를 범할 수 없다. 왜냐하면 이 세계(즉, 이러한 초월들)가 거기 있는 모든 것이기 때문이다. 만약 신들이 현존한다면, 신들은 다른 모든 객체와 마찬가지로 동일한 잡색의 복수우주에서 살아 움직이며 자신의 존재를 가진다.

좋은 소식은 "다른 세계가 없는 한, 완벽성은 이 세계에 있다"(PF 233)는 것이다. 모든 객체는 단순히, 그리고 완벽하게 스스로 그러한 것일 뿐이다. "이 세계를 판단하는 데 사용할 배후에 놓인 뒤쪽-세계는 없다"(RS 118). 이는 타당한 판단을 내릴 수 없다는 의미가 아니며, 오히려 뒤엉키지 않고 잠정적이지 않으며 접합되지 않은 판단을 내릴 수는 없음을 의미한다. 이는 이러한 판단의 지저분함이 실재적인 것에 대한 우리의 접근이 빈약해서가 아니라 실재적인 것 자체의 지저분함에서 비롯된다는 것을 의미한다. 그리고 이는 갈 곳이 없는 상황에서 "신이 하늘에서 땅으로 내려왔다는" 것을 의미하며, 신 역시 "여러 가능세계를 가지고 실험하여 누구도 대신 계산할 수 없는 최적의 조건, 최고의 타협을 논하기 위해 일해야 한다"(PN 177)는 것을 의미한다.

다수의 객체 중의 한 객체인 신은 자유 통행권을 가지지 못한다. 다른 모든 객체와 마찬가지로, 신은 다른 객체를 번역하고 다른 객체와 타협하며 협상해야 한다. 저항적 이용 가능성은 편재한다. 은혜의 조작과 관련하여 당신이 "협상"이라는 단어를 좋아하지 않을 수도 있지만, 이는 "협상가가 성사시킨 타협점을, 자신에게 유리한 모든 사항을 손에 넣은 이상적인 상황이라는 이름의 줄자 – 그리고 이런 줄자는 있을 수 없는데! – 로 측정하기 때문"일 뿐이라고 주장한다(PN 175). 우리가 계속해서 일자를 상정하는 한, 우리가 최종적으로 깨끗한 환원을 계속해서 희망하는 한, "우리가 일련의 타협을 통해 고정된 입장들의 종합을 안에서부터 벗겨내고 있다고 생각하는 한", "모든 교섭 위에 모든 타협을 피하는 초월의 그림자가 떠 있다"(PN 175~176). 이 가설적 초월의 그림자가 파멸을 초래한다. 우리의 판타지에 연료를 공급하고 우리의 후회를 물신화하며, 무의미한 사소함, 창백한 모조품, 불운한 사람이 진품 대신 사용하는 어떤 대체품이 그러하듯이, 다수성의 실제 작용, 그 객체의 실제 은혜를 덮어씌우는 것은 바로 이 그림자이다. "그 나타남에도 불구하고", 이 은혜롭고 국소적인 "질서 작용"의 성실한 수행을 "불가능하게 만들 따름인" 것은 "초월에 조금이라도 호소하는 일"이다(PN 176). 고전적 초월은 은혜를 가능하게 하는 것이 아니라 은혜를 막는다. 그것은 초월을 보존하지 않고 훼손한다.

라투르는 혁명가가 아니다. 그는 정치적, 형이상학적 실재론자이다. "나는 제안할 유토피아가 없다." 그가 말하기를, "내밀 비판적 비난도, 희망할 혁명도 없다"(PN 163). 대신 그는 이미 우리 눈앞에 있는 것, 즉 인간과 비인간을 막론하고 끊임없이 노동하는 객체들의 다수성에 대한 접근만을 제공한다. 그러나 우리가 혁명과 환원에 대한 꿈을 포기해 낼 수만 있다면, "가장 일상적인 상식만으로도 조금의 수습 과정 없이 바로 눈앞에 있는 모든 도구를 사용하기에 충분하다"(PN 163). 이 흐트러진 세계의 은혜의 "완벽성"과 충분성을 모두 고백하는 이 작업, 즉 우리가 가진 도구와 기구의 수수함과 적합성을 모두 인정하는 작업은 실험적 형이상학의 작업이다. 그리고 만약 그런 것이 존재한다면, 그것은 실험적 종교의 작업이기도 할 것이다.

15

저항적 이용 가능성

"유형의 미시적-힘"으로 작동하게 된 은혜는 작업 중인 객체의 일상적인 업무로 나타난다. 그리고 라투르의 모델에 따르면, 모든 객체는 동일한 종류의 작업[작용], 즉 초월들의 다수성이라는 고르지 않은 국소적 지형과 협상하는 작업에 종사하고 있다. 혹은, 다시 말하지만, 모든 객체는 이용 가능성에 저항하는 작업에, 그리고 저항하는 것을 이용 가능하게 만드는 작업에 종사한다.

모든 객체는 저항으로 특징지어지는데, "등가란 없기 때문이다"(PF 162). 그리고 모든 객체는 이용 가능성으로 특징지어지는데, "모든 것이 다른 모든 것의 척도로 사용될 수 있기 때문이다"(PF 158). 모든 객체는 이 이중 지시에 의해 부여된 작업으로서 펼쳐진다. 각각의 객체는 등가에 저항하지만, 그럼에도 측정을 위해 이용 가능하다. 실험적 형이상학에서 만약 객체가 저항을 결여한다면, 즉 완전히 환원 가능하다면, 그것은 실재적이지 않다. 저항은 실재적인 것의 첫 번째 표시다. 유사하게, 만약 객체가 이용 가능성을 결여한다면, 즉 관계로부터 완전히 물러나 있다면, 그것은 실재적이지 않다. 이용 가능성은 실재적인 것의 두 번째 표시다. 실재는 저항적 이용 가능성을 통해 이중적으로 정의된다.

라투르는 열성적인 형이상학적 실재론자이다. 그가 특이한 실재론자라는 점은 분명하지만 말이다. 그는 환원주의자들 사이에서 흔히 볼 수 있는 실재에 관한 "종교적" 개념화와 결별한다. 왜냐하면, 그는 어떤 근원적인 것 또는 균등성의 기준선과 관련하여 무엇이 실재적인지 정의하기를 거부하기 때문이다. 그러나 라투르는 정확히 하나의 사물(또는 사물의 종류)을 더 실재적이거나 더 실재적으로 실재하는 것으로 특권화하기를 거부함으로써, 이질적인 객체들의 장에 비환원적 실재성을 일방적으로 부여할 수 있게 되었다. 라투르에게 모든 종류의 객체는 (1) 뒤얽힌 이용 가능성의 선들이 어떤 하나의 저항의 고리를 통해서 깔끔히 떼어질 수 없고, (2) 뒤얽힌 저항의 선들이 어떤 하나의 이용 가능성의 고리를 통해서 깔끔히 떼어질 수 없는 방식으로 서로 매듭지어질 때만 실재로서 출현한다. 라투르의 틀에서는 저항이나 이용 가능성 중 어느 것도 이 줄다리기에서 이길 수 없다. 예를 들어, 만약 신이 현존한다면 신은 다수성에 완전히 저항할 수도 없고, 다수성이 신을 위해 완전히 이용 가능할 수도 없다. 객체들은 저항적 이용 가능성이 제공하는 "놀이"의 양이 서로 다를 수 있지만, 모든 객체는 저항과 이용 가능성 중 하나를 다른 하나에서 깨끗하게 떼어내는 작업에 실패하는 셀 수 없이 많은 방식을 제공해야 한다.

그러나 실천적 문제로서 라투르는 저항에 특히 주목하는데, 실험적 형이상학의 표준적 입장은 초월이기 때문이다. 그의 모델의 잠정적 가정은 모든 내구성 있는 접합이 희귀하고 비용이 많이 든다는 것이다. 이런 측면에서 라투르는 "현존한다는 것은 다르다는 것"이라는 가브리엘 타르드의 정식을 기꺼이 지지한다(RS 137). 또는 라투르가 좀 더 직설적으로 표현하듯이, "저항하는 것은 무엇이든 실재적이다"(PF 227).

그렇다면 객체의 저항이 지닌 본성을 우리는 어떻게 특징지어야 할까? 객체가 저항할 때, 객체가 저항하는 것은 무엇인가? 라투르의 대답은 명료하며, 그가 보기에 그 대답은 관계성 자체를 특징짓는다. 즉, 객체는 "힘겨루기"trials of strength에 저항한다. 객체는 다른 객체들 — 그 객체 인근에 있는 객체들, 그 객체를 구성하는 객체들, 그리고 차례로 그 객체가 구성하는 객체들 — 의 에너지를 소모하면서도 구성적인 밀고 당김에 저항한다. 이 형이상학적 번잡함 속에서는 생명이든 비생명이든, 인간이든 비인간이든, 모든 객체가 "서로를 증가시키거나 감소시키거나 동화시킴으로써 헤게모니를 추구한다"(PF 154). 그 결과, 라투르는 객체를 종종 "행위자" 또는 "행위소"라고 부르는데, 이 용어는 객체지향 접근법의 결정적인 특징을 강조하는 용어이다. 그 결정적 특징이란, 활동적 저항을 통해서라도 그 자신을 위해 행위할 책임을 진 모든 객체이다. 왜냐하면, 설령 "일부 행위자가 다른 행위자에 의해 수동적인 것으로 정의되더라도", 이러한 수동성은 상대적이고 잠정적일 뿐이기 때문이다(PF 120). 어떤 행위자도 전적으로 수동적이거나 이용 가능한 것일 따름이 아니다. 어떤 행위자도 설령 수동적일 때조차 활동적 저항을 결여하지 않는다. "행위자는 언제나 활동적"이며, "다른 행위자를 끌어들일 수 없을 정도로 나약한 행위자는 없다"(PF 120, 159).

각 객체는 "다른 객체들에 저항하면서 그 객체가 만들어내는 차이를 통해" 그 객체가 되며, 이러한 차이는 환원에 대한 객체의 완강한 반대의 윤곽을 따른다(PF 159). "행위자는 무엇보다도 장애물, 스캔들로서, 장악을 유보시키는 것으로서, 지배를 방해하는 것으로서, 집단의 폐쇄와 구성을 방해하는 것으로서 정의된다. 거칠게 말하자면, 인간과 비인간 행위자는 처음에는 말썽꾸러기로서 나타난다. 반항recalcitrance이라는 개념은 행위자들의 행위를 정의하는 데 가장 적절한 접근법을 제공한다"(PN 81). 객체는 문제를 일으키고, 속도를 늦추고, 마찰을 일으키는 한에서 현존한다. 객체는 그것의 저항을 유발하거나 이용 가능성을 끌어내는 힘겨루기를 통해서 형태를 갖추게 된다. "형태는 형태를 탈–형[역변]de-form, 변–형[변형]trans-form, 내–형[공지]in-form, 수–형[수행]per-form하는 힘겨루기의 최전선이다"(PF 159). 여기서 객체가 수행한 형태는 그 객체가 할 수 있는 것에 의존하며, 객체가 할 수 있는 것은 객체를 구성하는 힘든 관계와 객체를 끌어들이는 힘든 관계 양쪽에 의존한다. "모든 새로운 객체는 일차적으로 … 행위자가 하는 것과 하지 않는 것에 대한 긴 목록에 의해 정의된다"(PF 80). 모든 객체는 접합된 행위들의 유동적이고 불안정한 목록이다.

이 모든 것이 지나치게 니체주의적으로 들리지 않도록, 라투르는 자신이 "힘겨루기"라고 말할 때 "약함겨루기"trials of weakness에 관해 말하는 것일 수도 있다는 점을 강조하려고 한다. 모든 객체는 다른 객체들과의 관계를 통해 생성하는 차이에 따라 그 형태가 달라지기 때문에, "그 자체"로 볼 때 강하기보다는 약하다는 것이다. 사실, "힘"이 유신론적 형이상학의 어휘에 적절한 용어라면, 라투르는 기꺼이 자신의 실험적 형이상학의 기반을 전적으로 "약함"에 둘 것이다. 겨루기를 통해 끌어낸 모든 힘은 다른 객체들에서 빌려 온 것이다. 강한 객체는 "생래적으로" 강하지는 않다. 객체는 자신의 약함을 자신의 내부와 주변의 이용 가능한 객체와 생산적인 방식으로 조정할 수 있었기 때문에 강하다. "우리는 언제나 강자의 힘을 오해한다. 사람들은 힘을 행위소의 순수성에 귀속시키지만, 힘은 언제나 겹겹이 배열된 약함에 기인한다"(PF 201). 반으로 찢어지지 않는 전화번호부처럼, 객체의 힘은 그 객체를 통과하는 수많은 선이 서로 어떤 관계로 쌓여 있는지에 의존한다.

효과적 행위는 행위가 제안하는 궤적에 따라 정렬되도록 다른 객체를 설득하는 데 달려 있다는 점이 뒤따른다. 만약 어려운 협상 과정에서 잠정적인 동조를 도출할 수 없다면, 가깝지만 느슨하게 결집한 약함들은 그대로 남을 것이다. 객체가 조정에 성공하더라도 객체의 힘은 사물이 아닌 "인상"impression이다. "힘은 언제나 인상인데", 왜냐하면 "약함만이 있을 따름"이기 때문이다(PF 201). 어떤 객체도 다른 객체를 자신의 뜻대로 "만들" 만큼 강하지 않지만, 어떤 객체는 "그것이 기여하는 바가 지렛대의 역할로 정의될 수 있는" 방식으로 배치되어 다수적 객체의 정렬을 자신이 지향하는 바에 순응하도록 활용할 수 있다(PF 34).

강자의 힘은 "어설프게 연결된 힘들 사이의 질 나쁘게 번역된 타협"(PF 211)을 성공적으로 조정하는 지렛대의 능력에 달려 있다. 다른 말로 하자면, 강자의 힘은 언제나 이러한 약함들에 놓여 있다. 이런 종류의 분산된 약함은 라투르가 모든 객체를 "정치가"로 특징짓는 이유를 상기시켜 준다. 라투르는 객체-정치가의 약점이 환원주의자들의 조롱을 불러일으킬지도 모르지만, "자신이 어설프게 연결된 힘들 사이의 질 나쁘게 번역된 타협보다 더 잘할 수 있다고 믿는 사람들은 언제나 더 못한다"라고 단호하게 말한다(PF 211). 형이상학적 민주주의를 옹호하는 것이 정치가 자체를 옹호하는 것과 같다는 점을 인식한 라투르는 쉽게 악당화되는 사람들을 주저 없이 높이 평가한다. 라투르는 자신의 실험적 형이상학과는 별개로 "사람들이 '힘겨루기'에 관해 기꺼이 이야기하는 것은 정치에서만 그렇다"고 말한다. "정치가는 제물로 바쳐진 양, 희생양이다. 우리는 정치가들을 조롱하고 경멸하고 증오한다. 우리는 서로 누가 그들의 부패와 무능함, 편협한 비전, 계획과 타협, 실패, 실용주의 또는 현실 감각 결여, 선동을 더 잘 비난하는지 경쟁한다. 오직 정치에서만 힘겨루기가 사물의 형태를 정의한다고 생각된다"(PF 210). 정치를 직업 정치인에 국한시키는 것은 매력적이지만 오독이고 정치를 무력화시킨다. 그것은 모든 객체에 그 자신을 위해 행위할 수 있는 힘이 부여되어 있다는 것을 인식하지 못하게 하고, 따라서 이러한 객체들이 어떻게 실재 자체를 번역·협상·타협의 고르지 않은 장으로 바꾸는지를 인식하지 못하게 한다. 우리는 실재적인 것의 지저분함을 피하고 사물들이 다른 것이라고 가장하며 수많은 객체와 관계를 맺는 것을 피하고 싶을 수는 있지만, 그렇게 하는 것은 이행해야 할 작업을 이해하고 수행하는 데 장애가 될 따름이다. 여기에는 용기가 요구되는데, 왜냐하면 필연적으로

우리가 정치가보다 결코 더 잘할 수 없으리라는 점을 인정하는 데는 용기가 필요하기 때문이다. 우리는 정치가의 무능함을 교양인의 전문 지식, 학자의 엄격함, 선견자의 예지력, 천재의 통찰력, 전문가의 무관심, 장인의 기술, 예술가의 취향, 거리의 평범한 사람이 가진 건전한 상식, 인도인의 재능, 자기 그림자보다 더 빠르게 방아쇠를 당기는 카우보이의 능숙함, 뛰어난 지식인의 관점 및 균형과 대조한다. 그러나 그중 누구도 정치가보다 잘하지 못한다. 다른 사람들은 실수를 저지를 때 단지 숨으면 될 따름이다. 그들은 뒤로 돌아가서 다시 시도할 수 있다. 오직 정치가만이 단 한 번의 기회를 가지며 대중 앞에서 기회를 잡아

야 한다. 나는 이보다 더 잘하고, 더 정확하게 생각하고, 가장 근시안적인 의원보다 더 멀리 볼 수 있다는 사람이라면 누구에게나 이의를 제기한다. (PF 210)

이 약함, 정치가와 객체 모두를 구성하는 약함은 은혜의 특징으로서의 "약함"이기도 하다. 만약 실험적 형이상학에서 은혜가 작업 중인 객체의 일상적 일과로 나타난다고 할 수 있다면, 은혜는 정치가의 약함으로 나타난다. 슈퍼 영웅의 거시-규모의 마찰 없는 기적과는 대조적으로, 은혜는 사소한 것처럼 보인다. 그러나 이 은혜의 약함은 인내심을 가진 자들이 은혜에 충실하기에는 충분하다.

16

행위성

객체들은 트럼프 카드로 지어진 집과 같아서, 그 약함에 있어 서로 기대야만 서 있을 수 있다. 각 객체는 행위자, 즉 동인이지만 그 행위성[작인]의 힘은 언제나 빌려 온 은혜이다.

라투르가 말하는 객체의 경우, 우리는 행위성의 일상적인 의미에 온전히 집중해야 한다. 행위자로 있다는 것은 다른 것을 대신하여 행위한다는 것이다. 모든 객체는 행위자로서 서로 "역능을 교환하는 과정"에 끝없이 관여한다(PH 182). 끝없이 협상과 타협에 관여하는 모든 객체는 영속적으로 타자를 대신하여 행위하며, 이는 오직 그 자신을 위해 타자를 작용하게 하려고 고군분투할 때도 그렇다. 실험적 형이상학에서 초월과 같은 행위성은 탁한 다수성 속으로 분산된다. 행위성들은 중첩되지만 완전히 양립 가능하지는 않은 궤적들이 뭉친 구름으로부터 타결된다.

라투르의 설명에 따르면, "행위자들 스스로가 자신의 틀을 포함한 모든 것을 만든다"는 것은 참이다(RS 147). 그러나 이는 결코 단수형으로 참인 것이 아니다. "그 자체로 질서정연하거나 무질서하거나, 유일하거나 다수이거나, 동질적이거나 이질적이거나, 유동적이거나 관성적이거나, 인간적이거나 비인간적이거나, 유용하거나 쓸모없는 것은 없다. 결코 그 자체에 의해서가 아니라 언제나 타자에 의해서 그렇다"(PF 161). 객체와 객체의 행위성은 사전에 주어지는 것이 아니라 사후에 확립된다. 각각의 객체는 "그것의 연합을 통해 정의되며, 이러한 각 연합의 계기를 통해 창조되는 사건이다"(PH 165). 그리고 객체는 사건으로서의 간섭을 만들고, 속도를 늦추며, 마찰을 일으키고, 사건의 과정에 에일리언 의지를 부여한다. 게다가, 설령 객체가 조립 공정에서 갓 출고된 것이라고 할지라도, 혹은 무언가에 의해 덮어씌워지라도, 객체는 여전히 그것이 할 수 있는 일을 계속해서 형성하는 역사로 구성되어 있다. "요점은 새로운 객체가 시간과 공간의 어느 시점에서 새로운 객체였던 퇴적된 요소들의 복잡한 체제로부터 창발한다는 것이다"(SA 92). 객체의 상황은 언제나 파급력이 큰 복잡성들로 구성된다. 우리는 언제나 행위성들로 이루어진 행위성들로 이루어진 행위성들을 가진 객체들로 이루어진 객체들로 이루어진 객체들과 씨름한다.

이용 가능한 퇴적물이, 유효한 짜임새로 조립되었을 때 행위자의 행위력이 합쳐진다. 힘은 역능 교환을 촉진하는 방식으로 현존하는 행위성의 다수성을 생산적으로 쌓아 올리는 데 의존한다. 이러한 종류의 쌓아 올림은 등가성이 잠정적이고 근사적일 수 있을 따름에도 등가성을 추진하는 데 의존한다. "관계를 확립한다는 것"은 사물들이 통약 가능하지 않더라도 "〔사물들을〕 통약 가능한 것으로 번역하는 것이다"(WM 113). 관계를 확립한다는 것은 객체의 존속적 저항이라는 단점을 메우기 위해 객체의 이용 가능성이라는 장점을 활용하는 것이다. 행위자는 다른 객체의 이용 가능성을 성공적으로 활용함으로써 해당 객체를 표상할 수 있는 권한을 획득한다. 비록 다른 객체들을 완전히 흡수하거나 포괄하거나 환원할 수는 없지만, 그럼에도 불구하고 표상representation은 대표자representative로서 "그것들의 이름으로 말한다"(PF 160). 표상은 완벽하지는 않지만 기능한다.

설령 행위자가 다수성의 충분한 하위집합을 정렬하는 데 성공하더라도, 이 성공으로 인해 행위자는 계속해서 자신의 구성에 영향을 미치고 변형하는 겨루기를 겪게 될 것이다. 충분히 많은 다수성이 정렬됨으로써 행위할 권한을 가지게 되더라도, 다수성의 뭉친 복잡성은 여전히 놀라운 방식으로 대표 행위자를 움직일 것이다. 행위자가 의식적인 경우에조차 그것의 "행위는 의식의 완전한 통제하에 이루어지는 것이 아니며, 오히려 많은 놀라운 행위성 집합의 마디, 매듭, 복합으로 느껴져야 한다"(RS 44). 이런 의미에서 의식과 비의식, 목적이 있는 것과 없는 것, 의도적인 것과 의도적이지 않은 것 사이의 경계는 흐려진다. 인간의 의도가, 강력한 목적 없는 힘으로 움직이고, 자연선택 같은 목적 없는 과정이 질서와 지시의 창발을 초래하면서 인간과 비인간은 서로에게 스며든다. "목적적인 행위와 의도성은 객체의 특성이 아닐지도 모르지만", 라투르가 주장하기를 "그것들은 인간의 특성도 아니다. 그것들은 기관, 기구의 특성이다"(PH 192). 행위성은 언제나 빌린 것일 따름이며, 특히 인간 행위성은 비인간 객체의 복합체로부터만 빌릴 수 있을 따름이다. 인간적인 모든 것은 비인간을 통하는 피할 수 없는 우회로를 중심으로 조직된다. 왜냐하면, 인간적인 모든 것은 다른 어떤 것으로 구성되지 않으며, 거기에 의존하지도 않기 때문이다. 인간적인 존재 방식은 비인간으로 존재하는 유약하고 특이한 방식이다.

라투르에 따르면, 우리는 일반적으로 대표적 행위자 — 인간이든 비인간이든 — 를 "기계"라고 부를 수 있다. 라투르는 기계론적 형이상학을 홍보하는 데는 관심이 없지만, 기계의 이미지는 유용하다. 왜냐하면, 기계는 완전히 통약 가능하지는 않은 다양한 힘들이, 그럼에도 상대적으로 안정적이고 생산적인 짜임으로 서로 동맹을 맺는 방식을 쉽게 이해할 수 있게 해주는 예시이기 때문이다. "병치된 동맹 집합을 하나가 되어 행위하는 전체로 변환하는 가장 간단한 수단은 회집된 힘들을 서로에게 묶는 것, 즉 기계를 구축하는 것이다. 기계는 그 이름이 함의하듯이 무엇보다도 공작[기계화]machination, 전략, 일종의 간계이며, 빌린 힘들이 서로를 감독하여 아무도 그 무리에서 떨어져 날아갈 수 없게 하는 것이다"(SA 129). 행위성은 그러한 공작에 의존할 따름이다. "기계는 더 이상 힘들처럼 보이지 않을 정도로 효과적으로 힘들을 길들인 행위소들의 은폐된 소망이다"(PF 204). 이런 식으로 모든 행위자는 자신이 힘을 빌린 다수성을 숨기는 기계이다. 행위자는 그 자신을 위해 타자를 대신하여 말하는 객체이다. 그런데 행위자가 다수성을 가지고 복화술을 하는 경우와 다수성이 행위자를 가지고 복화술을 하는 경우를 간단하게 결정할 방법이 없으므로 그러한 행위성은 언제나 양날의 검이다. 행위성이란 언제나 그 두 가지를 모두 충족하는 것이라고 해도 틀린 말은 아닐 것이다. 어느 쪽이든 성공적인 공작은 행위자를 지역 교통의 "필수 통과 지점"으로 전환하는 데 작용한다. 비록 행위자는 그것이 표상하는 다수성을 충분히 자주 처분할지도 모르지만, 통과하는 객체들로부터 충분한 통행료를 징수하는 한 그것의 공작은 존속할 것이다.

객체지향 신학에서 은혜는 행위성의 주고받음을 통해 창발하는, 부여되는 **동시**에 부여하는 힘이다. 은혜는 행위성이 객체에 그 자신을 넘겨주는 동시에 객체에서 그 자신을 **빼내**는 방식으로 나타난다. 행위성이란 타자를 대신하

여 자신을 위해 행위하는 은혜이다. 혹은, 행위성이란 자신
을 대신하여 타자를 위해 행위하는 은혜이다.

17

번역

라투르는 행위자들이 서로에 관계해서 수행하는 작업을 "번역"이라고 부른다. 어떻게 등가물이 없는데도 "모든 것이 다른 모든 것의 척도가 될 수 있는가?"(PF 158). 대답은 번역이다. 환원주의 동산에서 쫓겨나면 객체를 정렬하는 작업이 훨씬 더 어려워진다. 객체들 사이의 관계는 "전통적인 그림보다 훨씬 더 내밀하고 훨씬 덜 직접적"인 것이 된다(PH 144). 라투르에게서 번역은 내밀한 우회로를 통해 작용하는 존재론적 조작을 가리킨다.

객체들은 투명한 환원에 저항하기에 번역은 필연적이다. 다른 객체들로 구성되어 있고 다른 객체들에 의해 형성된 객체가 이용 가능하다는 점은 번역을 가능하게 만든다.

객체는 저항하기에, 우회로가 요구된다. 객체는 이용 가능하기에, 내밀성은 불가피하다.

또한, 라투르의 설명에 따르면 그의 초월 개념과 마찬가지로 번역에는 "반대항이 결여되어 있다"는 점을 인식하는 것이 중요하다. 반대항이 없는 번역은 경쟁자가 없는 것이 아니라(그리고 이 경쟁은 건전하면서도 치열할 수 있다) 번역이 아닌 경쟁자가 없다는 것이다. 반대가 없기에, 어떤 번역도 "원본[근원]"과 경쟁하거나 비교할 수 없다. 번역과 경쟁하는 번역과 경쟁하는 번역만이 있을 뿐이다.

각각의 번역은 일종의 부분적 환원 및 추상화인데, "만약 '추상화'라는 것이 각 단계가 가능한 한 많은 자원을 한곳에 모으기 위해 아래 단계에서 요소를 추출하는 과정을 의미한다면" 그렇다(SA 241). 객체들은, 일부 행위자의 공작을 통해, 즉 주어진 접근 노선과 관련하여 이용 가능한 객체들의 하위집합이 추출되고 포개짐으로써, 번역, 수집, 혹은 부분적으로 환원된다. 번역과 추상화는 놀랍지 않게도 접합의 방식을 통해 작동한다. 그것들은 추출된 객체들을 한데 엮어 새로운 기계로 만들어, 실재적인 것에 구멍을 내는 간극들(또는 초월들)을 메운다. "사물을 어떤 맥락에

짜 맞추거나 정렬하는 것은 행위자들이 끊임없이 하는 일이다"(RS 186).

라투르에게 번역을 이해하는 것은 "중개자"intermediary와 "매개자"mediator 사이의 차이를 이해하는 것에 달려 있다. 중개자는 음모론을 연출하는 데 필요한 꼭두각시다. 매개자는 복수우주를 채우는 환원 불가능한 행위자이다. 중개자가 "단순히 에너지를 운반하고, 전달하고, 전송하는" 역할을 한다면, 매개자는 "자신이 그 사이에서 매개 역할을 하는 존재자들처럼 자신이 번역하는 것을 창조해 낸다"(WM 77~78). 중개자가 자신이 전송하는 대상에 영향을 미치지도 않고 영향을 받지도 않을 때, 매개자는 그 자신을 포함해서 관련된 모든 객체를 변형하는 대가를 치르고서야 객체와 객체를 서로 연결한다. 중개자의 경우, 입력과 출력이 등가이다. 매개자의 경우, 무언가가 언제나 상실되고 추가된다. "번역"은 매개자를 통해서만 작용할 수 있기 때문에 "번역은 정의상 언제나 오해이다"(PF 65).

이런 종류의 번역은 너무 내밀해서 무관심할 수 없다. 번역은 가산을 통해서만 사물을 전달할 수 있다. 그것은 자신의 일부를 양도해야만 매개할 수 있다. 객체는 자신이 품고 있는 은혜로 변환된 경우에만 주고받을 수 있다. 그러한 은혜의 경우, "정보in-formation는 없으며 변형trans-formation만이 있을 따름이다"(RS 149). 번역은 "이성의 직선적인 길을 따르지 않을지도" 모르지만, 그것은 길을 튼다(PH 266). 번역, 즉 행위자의 우회는 빙 돌아가지만 그럼에도 불구하고 행위자에 저항하거나 행위자를 초월하는 객체에 대한 실재적 접근을 제공한다.

18

표상

존재론적 조작으로서의 "번역"은 비환원의 원리를 한 단어로 깔끔하게 요약한다. 내밀한 우회로에 관해 이야기하는 것은 저항적 이용 가능성에 관해 이야기하는 다른 방식일 따름이다. 유사한 방식으로, 우리는 비환원의 원리를 단지 "표상"이라는 용어로도 요약할 수 있을 것인데, 모든 번역은 표상이기 때문이다. 라투르에게 인간의 존재 방식이 표상적이라는 것은 참이지만, 모든 종류의 객체 사이의 모든 종류의 관계도 표상적이기 때문에 이것은 특별한 것이 아니다. "우리는 '표상'이라는 핵심적 단어를 유지하되, 고대의 정치적 역할을 명시적으로 다시 수행하도록 해야 한다"(PN 41). 여기서 객체는 행위자로서 다른 객체들을 대신하여 다른 객체들을 표상[대표]하도록 요청받는다. 그러므로 모든 관계는 표상적인 것으로서 생래적으로 정치적이다.

표상의 이 정치화는 라투르의 기획과 관련하여 생산적인 전환이다. 여기서 표상은 실재를 수동적으로 (그리고 빈곤하게) 반영하지 않는다. 오히려 표상은 실재적인 것 자체를 활동적으로 구성한다. 객체지향 형이상학에서 표상은 얄팍하고 의심스러운 인식론적 조작이 아니다. 그것은 국소적 통합체들을 포개고, 정렬하며, 접합하는 다수성의 지저분하지만 강력한 작업을 명명하는 일반적 명칭이다. 라투르의 표상은 인식론적이기보다는 정치적이기 때문에 그것은 실재적인 것을 가리는 것이 아니라 만들어낸다. 표상은 사물 그 자체의 권리를 박탈하지 않으며, 현실적으로 현존하는 모든 사물의 목소리이다. 표상은 세계를 가리는 것이 아니라 표상이 세계이다.

세계가 미리 형성된 통일성으로 주어진 것이 아니라면, 즉 이미 안정되고 회합된 상태로 도래하지 않았다면, 잠정적 번역, 표상, 그리고 등가물을 활용하려는 다수성의 경쟁적이고 완전히 서로 양립 가능하지는 않은 시도들은 세계를 망가지고 국소적이며 부분적인 관점에서 반영함으로써 세계의 근원적 통합성을 파편화하지 않는다. 오히려, 그것들은 간극을 메우고, 군중을 정렬하고, 실재적인 것 자체를 표시하는 저항을 조작함으로써 존재하는 연결과 네트워크의 작업을 구축한다. 게다가, 번역과 대조하여 검수할 수 있는 원본original이 없는 것처럼 표상representation을 대조하여 판단할 수 있는 원본presentation도 없다. 거기에는 오직 번역만이 있고, 오직 표상만이 있을 따름이다. 모든 표상은 국소적이며, 끝없는 내부-표상적 다툼에도 불구하고 형이상학적으로 반대되는 것이 없다.

라투르의 설명에 따르면, 안정적이고 통일된 세계와 그 세계에 대한 우리의 유약하고 다양한 표상을 분리하려는 우리의 형이상학적 경향은 "자연"과 "사회" 사이를 구별하는 우리의 현대적 구별을 통해 유사-계율적quasi-canonical 형태를 띠고 있다. 이 낯익은 시나리오에서 자연적 세계의 주어진 통일성은 우리의 사회적 표상들의 조립된 다수성과 극명하게 상충된다. 실재론자와 반실재론자 사이의 논쟁은 이 양극 사이에서 예측 가능한 방식으로 전개되는 경향이 있다. 놀랍지 않게도 라투르는 이러한 구분을 완전히 거부한다. 자연은 사회와 깔끔하게 분리될 수 없으며, 인간은 비인간과 깔끔하게 구분될 수 없다. "자연적" 객체를 포함해서 모든 객체는 언제나 이미 정치적이며, 모든 사회적 표상은 언제나 이미 비인간 객체에 의해 구성되고 활성화되고 그것에 의존한다. 라투르의 지향은 궁극적으로 "자연 질서의 내적으로 정치적인 성질을 전면"에 내세우는 것이다(PN 28). "나는 자연과 사회 사이의 구별을 지속적으로 흐릿하게 만드는 것을 지향한다"라고 그는 말한다(PN 36).

자연과 사회 사이의 깨끗한 사전 단절은 세계의 객체에 대한 다수성·행위성·자율성을 부정한다는 점에서 가장 해롭다. 만일 우리가 다수성에 다수성 자신들의 작업에 대한 형이상학적 공로가 있음을 인정한다면, "우리는 더 이상 '동일한' 자연에 대한 다수의 '상징적' 표상에 수반되는 실재에 대한 무심함이나 '자연'이 제공하는 경솔한 통일성에 만족할 수 없다"(RS 116~117). 한쪽에는 자연의 단단하고 일의적인 '사실'이 있고, 다른 한쪽에는 그 사실에 대해 끝없이 전파되는 우리의 엉성한 표상이 있는 방식으로 사물들이 분할되면, 인간과 비인간 객체 모두 형이상학적으로 권리를 박탈당하게 된다. 비인간 객체는 그 자체로 복수우주를 형성하는 경쟁적 작업에 진지하고 끊임없이 참여하는 것으로 이해되지 않으며, 그에 수반해서 오래 존속하는 표상, 번역, 비인간 객체와의 동맹을 구성하는 데 들어가는 모든 인간 작업은 단순히 "인식론적인" 것으로 배치되어 그 존재론적 힘을 박탈당한다.

게다가, 만약 우리가 "자연"과 "사회"를 깔끔하게 나누려고 하면 전통적으로 초자연적인 것을 특징짓는 초월성이 자연 그 자체로 이동될 뿐이다. 자연은 자연을 표상하려는 우리의 미약한 시도를 영원히 "초월"하는 무언가가 된다. 라투르는 묻는다. "우리는 언제 비인간을 대상화하지 않음으로써 비인간을 세속화할 수 있을 것인가?"(PN 51). 언제 우리는 객체를 본체적 사물 그 자체를 위한 가면으로 삼기를 멈출 것인가? 이러한 "자연적" 초월의 버전에 대한 라투르의 반응은 "초자연적" 초월 주장에 대한 그의 반응과 동일하다 : 그는 초월을 부정하는 것이 아니라 초월을 긍정하면서 그것을 증식시킨다. 라투르는 초월을 어디에나 있는 것으로 만듦으로써 그것을 평평하게 만들고 세속화한다. 물론, 자연이 사회를 초월한다는 것은 참이다. 그러나 모든 것이 비환원적이기에 모든 것이 다른 모든 것을 초월한다는 것도 마찬가지로 참이다. 사회적 표상이 우회와 번역에 의존한다는 점 또한 물론 참이다. 그러나 모든 자연적 객체들 사이의 모든 관계도 마찬가지이다. 강에 있는 바위는 이용 가능성을 활용하고 저항과 씨름하는데, 이는 세계에 대한 우리의 표상이 이용 가능한 하위집합을 추상화하고 저항적 객체는 완전히 포착할 수 없다는 점을 묵인하는 것과 형이상학적으로 동등하다. 그것들은 오십보백보이며, 그 차이를 형이상학적인 것으로 여겨서는 안 된다.

세계는 오직 부분적으로만 환원할 수 있고 완전히 양립 가능하지는 않은 작용 연합들로 난잡하다. 그러나 만약 우리가 "하나의 실재와 여러 해석 사이의 분할에서 시작한다면, 우리가 연합이라고 부르는 것의 연속성과 통약 가능성은 즉시 사라질 것이다"(RS 117). 자연의 통일성과 인간 표상의 다수성을 구별한다는 것은 "다수성은 고난의 역사적 과정을 밟지만 통일된 실재는 인류 역사에서 멀리 떨어져 온전하게, 만져지지 않은 채로 남아있을 것"임을 의미한다(RS 117). 이 구별은 우리에게 "인간이 사물에 대해 만든 인상으로부터 거리를 두면서 사물에 더 가까이 다가가게 하거나, 사물 그 자체로부터 점진적으로 거리를 두면서 인간 범주에 더 가까이 다가가게 할 것이다. 실재론과 구성주의 사이에서 불가능한 선택을 강요한 것은 바로 이 구별이었다"(PN 41). 라투르의 실험적 형이상학은 세계의 분할이 잘못된 딜레마를 초래한다는 그의 주장에 달려 있다. 복수우주는 인간 표상을 구성하는 것이 사물 그 자체로부터 멀어지게 하는 그런 우주가 아니다. 그리고 복수우주는 인간 표상에서 우리 자신을 추출하는 것이 우리를 사물에 더 가깝게 만드는 그런 우주가 아니다. 오히려, 실재적인 것 그 자체가, 통약 불가능한 복수성의 경쟁적인 구성 기획으로 특징지어지기 때문에, 경쟁적인 인간 표상의 통약 불가능한 복수성은 객체들 사이에 실재적 다리를 구축하는 존재론적 작업의 중요 부분일 따름이다. 라투르는 과학을 예로 들며 다음과 같이 말한다. 경쟁적이고 완전히 양립 가능하지는 않은 표상들의 다수성은

과학자들이 스스로 무엇을 하고 있는지 모른다는 것, 그리고 모든 것이 허구라는 것을 의미하지 않는다. 오히려 과학 연구가 정확히, "자연적인 객관적 사실 소재"라는 기

성 개념이 너무 빨리 융합했던 것, 즉 실재, 통합성, 그리고 논쟁 불가성indisputability을 분리해 낼 수 있었음을 의미한다. 당신이 첫 번째 항목을 찾는다고 해서 다른 두 항목이 자동으로 따라오지는 않는다. 그리고 이것은 "동일한" 사물에 대한 "여러 관점"이 허용하는 "해석적 유연성"과는 아무런 관련이 없다. 다수로 전개될 수 있도록 허용되며, 따라서 다양한 관점을 통해 파악될 수 있도록 허용된 것은 바로 사물 그 자체이다. (RS 116)

우리의 표상이 오직 부분적으로만 양립 가능한 다수성보다 결코 더 나은 결과를 내지 못한다는 사실은, 우리가 객체 그 자체의 "통합성"을 포착하지 못했기 때문에 실재적인 것을 파악하는 데 실패했다는 신호가 아니다. 정확히 반대가 참이다. 우리가 객체가 단순한 통일성이라는 형이상학적 가정에서 시작하지 않으면, 오직 부분적으로만 양립 가능한 우리의 표상들의 다수성은 우리가 객체 그자체의 다수성과 연결되고 있다는 사실의 증표가 된다. 이 통약 불가능한 다수성은 실재적인 것에 대한 우리의 갈라진 지각에서 비롯된 것이 아니라 실재적인 것 자체의 본성에서 비롯된 것이다.

라투르는 반실재론자가 아니다. 라투르는 실재적인 것이 일자이거나 논쟁 불가능하다고 가정하기를 거부하는 실재론자이다. 라투르는 그가 음모론을 믿지 않는다는 사실 ─ 에도 불구하고가 아니라 ─ 로 인해서 실재론자이다.

19

인식론

라투르의 비환원 원리는 그것이 하늘과 땅, 초월과 내재, 저항과 이용 가능성을 혼합하는 것과 같은 방식으로 존재론과 인식론을 혼합한다. 실험적 형이상학에서는 사물에 대한 우리의 인식론적 접근에 관한 질문과 사물 그자체에 관한 질문을 합법적으로 구별할 수 없다. 만약 현존하는 모든 통합성이 사후에 확립된 것이라면, "접근"은 특히 중요한 존재론적 질문이다. 인식론은 존재론의 국소적 (특히 인간) 버전일 따름이며, 만약 비인간의 작용을 포함하도록 그것의 범위를 넓히지 않으면 지극히 오해의 소지가 있는 버전이 될 수 있다.

라투르는 형이상학적 용어로서 "정치"라는 단어를 사

용하여 인식론이 존재론으로 주저앉는 것을 함의한다. 정치는 존재론으로서의 인식론이다. 또는 이렇게 말할 수도 있다. 즉, 라투르는 표상을 정치화함으로써 인식론을 존재론화한다. 이런 의미에서 라투르는 "인식론 경찰에 대항하여, 명백하게 인식론이 아닌 정치에 참여해야 한다"라고 주장한다(PN 17). 이러한 움직임으로 라투르는 "매일 모순을 일으키는, 존재론적 질문과 인식론적 질문 사이에 세운 불가능한 구별이라는 감염의 주요 원인, 즉 닿는 모든 것을 오염시킨 표상이라는 전통적 개념을 제거했다"라고 주장한다(PN 41). 객체의 다수성을 성공적으로 추적하고 그것과 연결하기 위해 "우리는 존재론적 질문과 인식론적 질문 사이의 경계를 대체로 환상적인 것으로서 폐기했다"(PH 141).

방법론적으로, 이러한 구별을 폐기하면 문제의 객체가 요구하는 만큼의 실용적이고 실험적인 태도를 취할 수 있게 된다. "우리는 다시 한번 매우 실용적이어야 하고 가능한 한 근시안적이어야 한다 : 우리는 거창한 인식론적 질문이 아니라 운송 수단, 운동, 변위, 그리고 운송 체계에 관해 이야기하고 있다"(RS 105). 큰 것조차 작은 것인 라투르의 복수우주에서 거창한 이론적 질문은 모두 하나의 주제에 대한 실용적 변형일 뿐이다 : 우리는 이 특수한 엔진을 어떻게 시동할 수 있을까? 이 모든 것은 "우리는 세계 자체가 연결되어 있으므로 진실하게 말하는 것이지, 그 반대가 아니다"라는 라투르의 주장에 의존한다(PH 296). 번역과 해석이 넘쳐나는 이유는 " '해석'이라는 핵심 개념이 우리의 주의를 인간 정신이 아니라 말하자면 세계로 되돌려 보내기 때문이다. '해석에 열려 있는' 것은 세계 그 자체이며, 이는 우리의 제한된 정신의 나약함이 아니라 세계 자체의 활동성에서 기인하는 것이다"(WE 229).

만약 언어가 인간이 다른 객체들과 맺는 연결과 동맹을 표상하거나 표현하는 기본적인 방식 중 하나의 이름으로 기능할 수 있다면, 라투르는 "언어"를 다수성 전체에 넘겨주고자 한다. 인식론을 존재론으로 재분배하는 것은 언어의 재분배를 수반한다. 라투르는 "나는 인간과 비인간 사이에 말하기 능력을 재분배하려고 시도하고 있다"라고 말한다(PH 141). 비인간 또한 목소리를 가져야 한다. 인간과 마찬가지로 비인간은 다른 객체들과의 구성적 연결과 동맹을 표현하는 작업에 종사한다. 비록 어떤 종류의 언어는 인간에게 고유할 수 있지만, 인간 언어는 존재론적 표현이라는 다수성이 수행하는 일반적 작업에서 전문화된 하나의 하위집합일 따름이다. "물론 이것은 언어에 대한 완전히 다른 상황을 의미한다. 표현은 말하지 못하는 사물들에 둘러싸인 인간 정신의 특권이 아니라, 많은 종류의 존재자가 참여할 수 있는 명제의 매우 일반적인 특성이 된다"(PH 142).

"새로운 기호학적 힘이 깃든" 모든 객체는 끊임없이 서로를 쓰고, 다시 쓰고, 덮어쓴다(WM 23). 그리고 이러한 각각의 표현은 "기입된 것으로부터 유래하는 것과 저자로부터 유래하는 것을 우리가 차이화할 수 없도록" 언제나 반대-표현에 의해 형성되고 활성화된다(SA 71). 그러나 그것들을 차이화하지 못하는 이 무능함은 그 자체로 생산적이다. 실재적 동맹과 참된 연결은 능동적 당사자와 수동적 당사자를 깔끔하게 구분할 수 없는 경우에만 가능하다. 여기서 내구성 있는 진리의 가능성은 주어진 표현의 요소들을 깔끔하게 분류하지 못하는 우리의 무능함에 의존한다. 사실, 표현이 더 뒤엉킬수록 진실성에 대한 그것의 주장은 더 강력해진다. "우리는 예전보다 더 많은 것을 알고 있는가? 만약 더 많이 앎이라는 표현이, 한쪽에 있는 사실과 다른 한쪽에 있는 사회 사이의 혼란에서 매일 우리 자신을 더 많이 빼낸다는 것을 의미한다면, 내 대답은 '아니요'이다. 우리는 더 많이 알지 못한다. 그러나 만약 더 많이 앎이라는 표현으로 우리 집단이 인간과 비인간의 난장판에 더욱 깊이, 더욱 내밀하게 묶여 있다는 것을 의미한다면, 내 대답은 '예'이다. 우리는 더 많은 것을 알고 있다"(PH 201). 이러한 진리들은 "실재적이고 집단적이며 담론적이지만 객관적이지도 사회적이지도 않으며, 담론의 효과도 아니다"(WM 6). 일자는 아니지만, 통합체들이 존재한다. 바로 이 지점에서, 진리를 "말하는" 작업은 실재적인 것을 "만드는" 작업과 구별할 수 없다. 둘 다 표상적이고, 둘 다 정치적이며, 둘 다 인간과 비인간의 난장판을 만들어내는 데 의존한다.

20

구성주의

라투르의 설명에 따르면, 모든 인식론적 문제는 사실 공학적 문제이다. 사물을 안다는 것은 문제의 행위자들 사이에 내구성 있고 사용 가능한 다리를 구축하기 위해 어떤 객체들을 어떤 방식으로 접합해야 하는지를 아는 것과 같다. 이런 의미에서, 라투르는 구성주의자다. 그러나 라투르는 "사회적" 구성주의자가 아니다 — 인간과 비인간을 막론하고 실제로 현존하는 모든 객체를 사회라는 범주에 포함하지 않는 한에서 말이다.

라투르를 구성주의자라고 부르는 것이 적절한 이유는 실험적 형이상학에서는 그 무엇도 단순히 주어지지 않기 때문이다. 모든 것은 만들어졌다. 모든 교환에는 변화가 수반되며, 그 무엇도 대가 없이 정렬되거나 접합되지 않는다. 그 결과, "당신은 '데이터[여건]' ─ 주어진 것 ─ 가 아니라 오히려 수블라타sublata, 즉 '달성'을 말해야만 한다"(PH 42). "그 무엇도 알려지지 않았으며, 오직 실현되었을 뿐이다"(PF 159). 비록 라투르는 사실의 완강한 실재성을 격렬하게 옹호하지만, 그의 사실은 만들어지거나 달성되었기 때문에 실재적이다. 사실이란 제조된 것[손발로─만들어진]manufactured이기 때문에 사실이다. "가공과 인공성은 진리와 객관성의 반대가 아니다"(RS 124). 사실은 구성되지만, 조잡하고 파생적인 인식론적 표상으로 구성되는 것이 아니다. 사실은 종이, 숫자, 화학물질, 관찰, 페트리 접시, 야망, 그래프, 보조금, 메스 등으로부터 구성되었다. "우리가 어떤 사실이 구성되었다고 말할 때, 우리는 회집시키는 데 실패할 수 있는 다양한 존재자들을 동원하여 견고한 객관적 실재를 설명한다는 것을 의미할 따름이다. 반면에 '사회적 구성주의'는 이 실재를 이루고 있는 것을 다른 무언가, 즉 그것을 '실재적으로' 구성한 사회적인 것으로 치환한다는 것을 의미한다"(RS 91). 실재적 구성은 치환의 방식을 통해 진행되지 않는다. 치환은 탁월한 형이상학적 판타지다. 어떤 표상도 단순히 사물 그 자체를 대신하거나 치환할 수 없다. 오히려, 구성은 다른 모든 것과 마찬가지로 접합의 방식을 통해 진행되며, 또 그래야만 한다. 내구성 있는 연결을 가능하게 하려면 객체들을 동원하고 정렬해야 한다. 이러한 연결은 오직 부분적으로만 양립 가능한 객체들의 끈으로 구축된 다리에 의존하기 때문에, 그것은 보장될 수 없으며 언제나 실패할 수 있는 것이다. 그러나 사실을 보장될 수 없게 막는 것은 사실을 사실적으로 만드는 것이기도 한데, 사실의 객관적 내구성은 정확히 사실이 저항적 객체들의 끊임없는 행렬로 구성되어 있다는 점에 의존하기 때문이다.

구성된 것으로서의 사실은 직접적으로는 아닐지라도 객체 그 자체를 만진다. 놀랍지 않게도, 사실의 내밀성은 우회의 방식을 통해서만 달성될 수 있다.

과학자들에게 실험실도, 장비도, 데이터 처리도, 논문 작성도, 회의나 토론도 없이, 만인이 볼 수 있게 더듬거리거나 횡설수설하지 않고 적나라하게, 일거에, 즉시, 직접적으로 진리를 말하라고 요구하는 것은 터무니없는 일일 것이다. 만약 투명하고 직접적인 진리에 대한 요구가 정치적 곡선에 대한 이해를 불가능하게 만든다면, 그 요구는 과학자들이 "참조 사슬"referential chain을 확립하는 일을 더욱 실행 불가능하게 만들 것임을 기억하라. 직접적인 것, 투명한 것, 즉각적인 것의 집합은 복잡한 과학적 회집체에 어울리지 않으며, 까다로운 정치적 연설의 구성과도 어울리지 않는다. (WL 147)

실제로 직접적이고, 투명하며, 즉각적인 것은 실재적 객체를 구성하는 저항적 이용 가능성과 호환되지 않는다. 사실은 직선이 아니라 "곡선"과 우회로이다. 사실은 객체들 사이의 실재적 연결을 만드는데, 이는 오직 사실이 등가에 저항하는 객체들을 연결하기 위해 구부러지고 고리 모양으로 휘어지기 때문이다. 사실은 일방적인 지시가 아닌 다방향적인 합의다. "(사회적) 구성주의의 역설은 어떤 건축가, 석공, 도시 계획가, 목수도 절대 사용하지 않을 장악mastery의 어휘를 사용한다는 것이다"(PH 281). 라투르가 구성주의자로 적절하게 특징지어진다면, 이는 그가 석공처럼 손에 있는 벽돌의 저항과 자율성을 존중하기 때문이다.

이 설명에 따르면, 진리는 보인 것이 아니라 만들어진 것이다. 시각적 은유는 오독이고 폐기되어야 한다. "시각적 은유에 대해 산업적 은유가 지닌 가장 큰 우월성"은 "그것이 각각의 중간 단계를 긍정적으로 취할 수 있게 해준다는 점이다"(PH 137). 전통적 설명에 따르면, 매개자는 진리에 대한 우리의 직접적 접근을 부정적으로 차단하거나 모호하게 만든다. 그러나 만약 직접적 접근 같은 것이 없다면, 매개자가 긍정적인 접촉을 가능하게 하는 유일한 길이다. "옛 전통에서 우리는 언제나 실재를 얻기 위해 수행한 작업을 실재론에 진 빚으로 간주하고, 실재적인 것인지 구성된 것인지를 언제나 선택해야 했다"(PN 85). 그러나 여기서 "실재는, 수행된 작업과 정확히 같은 정도로 성장한다"(PN 85). 라투르에 따르면, "우리는 언제나 명백했어야 했던 것, 즉 우리가 사실의 생산에 더 많이 간섭할수록 사실의 객관성이 더 높아진다는 점을 우리의 상식이 받아들이게 만들어야 한다"(PN 119). 생산 공정은 자신의 역할을 인정받아야 한다. 사실은 구축되어야 하며, 이를 구성하는 데 수반되는 작업은 최종 생산물의 "부가가치"를 창출한다. 이 접근법은 "실재의 질과 공급된 작업의 양을 연결할 수 있게 해준다"(PN 118).

사실의 범위와 내구성은 그것이 효과적으로 연결되는 네트워크의 크기와 강도에 의존한다. 더 많은 케이블이 깔리고, 더 많은 객체가 협력으로 씨름하고, 더 많은 작업이 수행될수록 사실이 더 효과적으로 된다. 사실의 가치는 그것의 연결이 제공하는 순 존재론적 잉여net ontological surplus에 의존한다. 이 잉여는 인식론적이기보다는 존재론적이기 때문에 나쁜 소식이라기보다는 좋은 소식이다. "이것이 바로 구성과 직조에 대한 일반적인 정의가 지닌 진정한 약점이다. 철학자가 입력 목록으로 무엇을 고안하든, 언제나 전후에 동일한 요소가 있다 … 어떤 천재 과학자든 언제나 고정된 레고 블록 집합을 가지고 논다. 유감스럽게도, 실험은 직조된 동시에 직조되지 않은 것이기에, 언제나 실험에 투입된 것보다 더 많은 것이 있게 된다. 따라서 안정적 요인과 행위자 목록을 사용하여 실험 결과를 설명하는 것은 언제나 결함을 드러낸다"(PH 125). 예를 들어, 인간 경험과 지성을 이전에는 알려지지 않은 현상과 연결하는 것은 인식론적 결함이 아니라 존재론적 잉여를 창출한다. 네트워크를 확장한다는 것은 네트워크 자체의 형태를 부분적으로 재배열하는 대가를 치른다는 점은 참이지만, 이러한 재배열의 대가는 "근원적" 사물 자체에 대한 접근이 아니다. 근원 같은 것은 없다. 확장의 대가는 단순 손실이 아닌 투자, 즉 비용을 우회하여 흑자를 창출하는 것이다. 라투르가 주장하기를, "과학은 세계에 그 자신의 지식을 첨가하고, 말하자면 스스로를 한 번 더 세계 속으로 접는다"(WE 231).

지식은 객체를 기록하는 작업에 종사하지만, 그 자체로 기록된 객체이다. 사실은 부분적으로 연결되거나 추상화된, 혹은 환원된 객체들의 하위집합이라는 운용 가능한 사슬로 펼쳐진다. 사실은 사실의 새로운 짜임새를 통해 그 사실이 유래한 객체의 다수성에 첨가되거나 다수성으로 접혀 들어간다. 이 모든 사슬에서 비인간은 내구성이 있는 작업 가능한 사실을 매개하고 구성하는 주요한 역할을 수행해야 한다. "어떤 구성이 이루어지려면 비인간 존재자가 주요한 역할을 수행해야 한다"(RS 92). 이는 불가피한데, 왜냐하면 비인간 존재자는 복수우주의 실체일 뿐만 아니라 인간 그 자체의 실체이기도 하기 때문이다. 엄밀히 말하자면, 라투르의 모델에서 (잉여나 결함이 없는 거울-같은 충실한 반영으로서의) 지식은 존재하지 않는다. 그런 "지식은 존재하지 않는다. 그렇다면 무엇이 있을까? 오직 노하우[방식—알기]know-how가 있을 따름이다. 다른 말로 하자면, 공예craft와 무역trade이 있다. 모든 반대 주장에도 불구하고 공예야말로 지식에의 열쇠를 쥐고 있다"(PF 218). 객체를 안다는 것은 객체와 연결하는 방식을 아는 것이며, 다른 네트워크와 그 객체를 연결하는 방식을 아는 것이고, 어떤 새로운 상황에서 유연한 도구로 용도를 변경하는 방식을 안다는 것이다. 이러한 종류의 지식은 내밀하고, 난잡하며, 실천적이고, 적응력이 뛰어나며, 무엇보다도 실재적이다.

21

고난

그렇다면 라투르의 실험적 형이상학의 기묘한 지형학, 즉 방법론적으로는 겸손하고, 형이상학적으로는 야심 차며, 경험론적으로는 준엄한, 그리고 강렬하게 신선한 지형학을 고려할 때, 은혜의 형태에 관해 우리는 무엇을 사변할 수 있을 것인가? 라투르의 복수우주로 이식된 은혜의 형태는 초월에 대한 그의 재주조를 뒤따른다. 은혜가 밀랍이라면, 초월은 주형이다. 라투르에게 초월은 수직이 아닌 수평, 단일이 아닌 다수, 전지구가 아닌 국소, 중심화가 아닌 분산, 순수함이 아닌 난잡함, 강함이 아닌 약함, 왕권이 아닌 민주주의, 선시간성이 아닌 역사성, 근원적임이 아닌 재활용됨이다. 은혜 또한 마찬가지이다. 세계의 지속적인 발효에 의해 가공된 은혜는 모든 객체에 고유한 저항적 이용 가능성이 요구하는 내밀한 우회로를 통해 흐른다. 유형의 미시적-힘으로서의 은혜는 세계의 일상적 객체들의 일상적인 주고받음에 의존한다. 혹은 좀 더 형식적으로 말하자면, 은혜는 객체의 저항적 이용 가능성이 가진 이중-구속이다.

이 책의 「서론」에서 나는 은혜의 여섯 가지 기본 특징을 식별하였다. 그리하여 전통적 이해에서 은혜는 내재적이고, 가능화하는 것이며, 풍부하고, 겪어진 것이며, 절대적이고, 충분한 것이라고 주장했다. 객체의 저항적 이용 가능성에 대한 이중-구속으로서의 은혜는 여전히 이 특징 목록에 들어맞는다.

1. 은혜는 현실적이고 구체적이라는 의미에서 내재적이다. 라투르가 초월을 전위시키고 분산시키는 것은 심오하게 내재적이고 수평적이며 국소적인 은혜의 개념화를 초래한다. 모든 객체는 관계에 대해서 저항적이지만, 동시에 관계를 위해서 이용 가능한 것으로 남는다. 여기서, 은혜의 내재성이란 모든 객체의 이용 가능성이다. 초월은 한정되고 국소화되는 반면, 내재는 보편화된다.

2. 은혜는 방식으로는 불가능한 것을 가능하게 해준다는 점에서 가능화이다. 저항적 이용 가능성의 이중-구속은 어떤 종류의 작업에 착수하든 그것을 위한 가능성의 조건이 된다. 은혜는 작용하는 관계를 위한 모든 객체의 이용 가능성과 각 객체의 저항이 견인하는 가능화를 동시에 명명한다. 작업하는 행위자로서의 모든 객체는 그것을 구성하는 다른 객체와 그것이 작업에 활용할 수 있는 다른 객체 양쪽에 의존한다. 은혜는 행위성이라는 선물이 언제나 빌려 온 것이라는 바로 그 점 때문에 가능화이다. 은혜는 더는 모든 불가능한 일을 가능하게 만들지는 못할지도 모르지만, 모든 가능한 일의 발효를 가능하게 만든다.

3. 은혜는 합당하거나 기대된 것을 초과한다는 점에서 풍부하다. 라투르의 복수우주에서 비환원은 규칙이다. 모든 객체는 부분적 추상화 또는 환원을 위해 이용 가능하지만, 정의상 완전한 환원에 저항하는 엉킴이다. 모든 환원은 아무리 성공적일지라도 모든 통약 가능한 관계 집합을 초과하는 잔여물을 수반하며, 이 잔여물은 어떤 한 종류(또는 통약 가능한 종류 집합)의 합리적 투명성의 영향을 받지 않는다. 또는, 모든 객체는 언제나 완전한 환원, 경제, 예측,

계산을 피하는 하위–sub-, 측면–lateral-, 메타–meta- 관계의 구성적 그림자를 드리운다. 모든 객체는 풍부하다.

4. 은혜는 능동적으로 통제되기보다는 수동적으로 받는다는 점에서 겪어진 것이다. 라투르에게 주인이란 없으며, 오직 정치가와 협상가가 있을 따름이다. 이용 가능성, 상호의존성, 공–구성co-composition, 수난 가능성passibility, 수동성의 규칙에는 예외가 없다. 이는 차례로 은혜의 규칙에 예외가 없음을 뜻한다. 모든 객체는 그것의 지식과 통제를 초과하는 힘과 관계로 형성된다. 모든 객체는 그것을 구성하고, 유지하며, 재활용하는 다른 객체로부터 유래하는, 조건짓는 동시에 가능하게 만드는 선물을 겪는다.

5. 은혜는 무상이며 조건이 없다는 점에서 절대적이다. 저항적 이용 가능성의 이중–구속은 현존하는 모든 것에 절대적으로, 보편적으로, 무조건적으로, 예외 없이 적용되기 때문에 은혜는 절대적이다. 이 이중–구속은 무상이며 얻거나 피하거나 거부할 수 없다.

6. 은혜는 주어진 것이 무엇이든 그것의 완벽성을 드러낸다는 점에서 충분하다. 실험적 형이상학에서 모든 관계는 번역과 표상을 포함한다. 이러한 번역과 표상은 서로 공격적으로

경쟁하거나 동맹을 맺을 수 있지만, 그중 무엇도 "근원적" 원본과 경쟁하는 것은 아니다. 근원은 없으며 원본도 없다. 모든 객체는 재활용되었다. 완벽성perfection은 파생적 객체와 원본이라는 초월적 표준 사이의 거리를 명명하는 것이 아니라 주어진 것의 근접성과 충분성을 명명한다. 특히, 완벽성은 이제 그 형태가 어떻게 되었든 각 객체에 충분한 것을 완벽하게 부여하는 저항적 이용 가능성의 일반적 구속에 대한 이름으로 기능한다.

은혜에 대한 이 객체지향 접근법으로부터 여러 가지 생산적인 귀결이 뒤따른다. 첫째, 은혜는 실재적인 것을 연동시킨다. 실재 자체가 이와 같은 이중-구속으로 특징지어지기 때문에 은혜는 실재적인 것을 실재적인 것으로서 선물한다. 실재적인 것이 되려면 적어도 무언가가 잠재적으로 이용 가능한 것이어야 한다. 이용 가능하지 않으며 원리상 부분적으로 다른 객체로 환원되거나 부분적으로 다른 회집체의 하위집합으로 모집될 수 없는 것은 실재적이지 않다. 이와 유사하게, 저항을 제공함이 없이 이용 가능한 것 또한 실재적이지 않다. 실재적인 것이 되려면 다수체는 이용 가능하면서도 저항적이어야 하며, 이것이 바로 은혜의 선물이다.

게다가, 라투르의 접근법은 은혜와 작업을 상충시키지 않는다. 오히려 이 설명에 따르면 은혜가 작업이다. 저항적 이용 가능성의 이중-구속에 비추어 볼 때, 작업의 무조건적이고 보편적인 부여는 은혜를 통해 주어진 선물이다. 은혜는 객체 그 자체를 구성하는 작업을 가능하게 만든다. 그렇게 함으로써 은혜는 각 객체를 객체 자신과 다른 객체에 넘겨준다. 비환원의 원리에 의해 조작操作하는 것이 된 은혜는 작업을, 받아들일 선물로 드러낸다. 그리고 중요한 점은, 은혜가 그 작업을 선물로 받아들일 수 있게 해준다는 것이다.

라투르의 접근법이 생산적인 것은 그것이 은혜를 수난 가능성과 연결하고, 은혜를 느낌·고난·인상·부여에 대해 개방적이고 민감하게 있을 수 있게 해주는 선물과 연결하기 때문이기도 하다. 고전적으로 유신론은 신을 은혜를 베푸는 자로 정의하는데, 신이 수난 가능성의 근본적 예외이기 때문이다. 즉, 고전적으로 신은 수난을 겪을 수 없으며, 이 수난 불가능성은 신의 예외적인 초월, 그리고 그에 수반되는 인과적 의존성으로부터의 자유와 명백한 방식으로 묶여 있다. 그러나 객체지향 형이상학에서, 은혜는 수난 가능성의 예외 없는 보편성으로 펼쳐진다. 이 맥락에서, 존재한다는 것은 수난을 겪을 수 있다는 것이다. 신은 이 규칙의 예외가 아니다. 신은, 만약 그러한 객체가 현존해야 한다면 하나의 존재자, 하나의 특히 복잡한 다수체로서 다른 많은 객체를 구성하고, 그것들로 구성되며, 그것들과 상호의존적인 관계에 있는 객체일 것이다. 다른 모든 객체와 마찬가지로 신은 이용 가능하고 수난 가능하며, 저항적이고 어려운 작업의 불가피성에 의해 은혜를 받을 것이다.

은혜와 수난 가능성 사이의 연결고리에 관한 이 마지막 요점은 고난의 문제를 근본적으로 재구성하기 때문에 내가 착수한 실험에서 매우 중요하다. 은혜가 수난 가능성의 예외 없는 보편성으로 펼쳐진다고 말하는 것은 은혜가 고난의 보편성을 보장한다고 말하는 것이다. 게다가 그것은 (고전적으로 문제로 이해되는) 고난의 부여와 (고전적으로 이 문제에 대한 해답으로 이해되는) 은혜의 수용은 다의적이라고 말하는 것이다. 뒤에서 보겠지만, 죄와 구원은 모두 이 다의성에 주목한다.

그러나 구원의 본성이 무엇이든, 고난은 모든 객체를 구성하는 저항적 이용 가능성의 이중-구속을 명명하기 때문에 말소될 수 없다. 존재한다는 것은 고난을 겪는 것이며, 고전적 유신론을 벗어나 고난은 능동성과 수동성 양쪽을 특징지어야 한다. 관계를 위해 이용 가능한 모든 객체는 다른 객체에 의해 등록, 연행, 용도 변경, 재분배되는 그 수난 가능성을 수동적으로 겪는다. 게다가, 다른 다수체에 능동적으로 영향을 미칠 때도 각 객체는 영향을 미치려는 객체의 오직 부분적으로만 환원 가능한 저항으로 인해서 고난을 겪게 된다. 그리고 모든 객체는 다른 객체로 구성되어 있으므로 (신을 포함한) 모든 객체는 그 자신을 겪어야 한다는 점에 유의하는 것이 중요하다.

그러나 이러한 보편성이 그저 나쁜 소식이기만 한 것은 아니다. 고난은 은혜의 보편적 표시이기 때문이다. 예외 없이 은혜는 온다. 그렇게 고난이 찾아오면 은혜는 행위하고 생각하며 느끼고 사랑하며 존재하게 해주는 것이다.

22

블랙박스

만일 세계가 − 눌리고, 함께 흔들리고, 흘러넘치는 − 은혜로 가득 차 있다면 은혜는 어디에 숨어 있는 것일까? 은혜가 빈번히 모호해지는 이유는 무엇일까? 은혜의 모호함은 부분적으로는 객체 그 자체의 본성과 묶여 있다.

라투르의 실험적 형이상학은 다양한 고전적·철학적 개념을 재구성할 수 있게 해준다. 라투르는 초월을 개조하는 방식 외에도 실체, 본질, 물질, 형상, 주체성, 참조와 같은 개념에 대한 새로운 접근법을 제공한다. 실체(그리고 더 나아가 은혜의 모호함)에 대한 그의 혁신적 설명의 핵심은 그가 객체를 "블랙박스"로 기술한 것에 있다. 실체는 블랙박스다. 객체로 특정할 수 있을 만큼 안정적인 중첩 관계들의 집합은, 주어진 시선과 관련하여 그 중첩 관계들의 어떤 일관적인 양상을 깔끔하게 전경에 내세우며, 이러한 전경화로 인해 객체로 특정된다. 객체는 (1) 객체를 구성하는 관련 하위집합을 추상화·배열·안정화하면서, (2) 동시에 객체의 기반이 되는 집합의 다루기 힘든 비환원적 복잡성을 가리는 전경화된 직통선through-line이다. 객체는 이 이중 조작이다 : 객체를 포장packing-away하기 위해 동원된 저항의 정도에 따라 그 강도가 결정되는 이용 가능 상태making-available이다. 라투르는 이러한 종류의 깔끔하고 실체적이며 꼼꼼하게 포장된 이용 가능성을 "블랙박스"라고 부른다.

블랙박스는 이용 가능성을 위해 포장된 관계들의 집합이다. "블랙박스는 기계나 명령어 집합이 너무 복잡할 때 인공두뇌학자들이 사용하는 단어이다. 그들은 그 자리에 입력과 출력만 알아볼 수 있으면 되는 작은 상자를 그린다"(SA 2~3). 라투르에게 모든 객체는 이런 종류의 포장된 복잡성을 드러낸다. 모든 객체는 잠재적인 깜짝 장난감 상자로서, 깜짝 장난감 상자의 온전함은 그것의 이용 가능 상태와 포장 상태 사이에 맴도는 긴장으로부터 빌린 것인 동시에 그 긴장으로 인해 궁극적으로 사라진다. 그러나 관계들의 집합은 적어도 얼마간은, 객체, "닫힌 파일, 논쟁의 여지가 없는 주장, 블랙박스"로서 굳게 유지되고 기능할 수 있다(SA 23).

일부 블랙박스는 비인간 행위자들에 의해 생산되고, 일부는 인간 행위자들과의 협업으로 생산된다. 일부 블랙박스는 강하고, 일부는 약하다. 일부는 작고, 일부는 거대하다. 일부는 수십억 년을 살아남지만, 일부는 단 몇 초를 산다. 각각의 경우, 블랙박스는 행위자로서 기능하기에 충분한 통합성과 온전성을 나타내는 경우에만 블랙박스로 특정된다. 행위자가 되려면 블랙박스는 조정된 행위를 행사할 수 있어야 한다. 그것은 공작으로서 기능해야 한다. 결국, 객체의 행위 능력, 즉 행위자로서의 지위는 어떤 행위 과정, 어떤 가능성의 지평을 이용 가능하게 만드는 그것의 능력에 의존한다. 블랙박스는 통합된 행위자로서 이전에는 불가해한 관계를 가능하게 할 때 블랙박스가 된다.

예를 들어, 과학적 사실 같은 새로운 블랙박스를 구성하는, 인간이 주관한 작업을 생각해 보라. 라투르의 설명에 따르면, 과학적 사실은 주어진 것이 아니라 만들어진 것이다. 사실에 고유한 저항은 처음에는 "논의를 일탈하게 만들고, 담론의 질서를 어지럽히며, 습관에 간섭하는" 능력을 갖춘 복잡한 문제나 당혹감의 원인으로서 스스로를 드러내는데, 그 저항이 혼란스러운 것이기 때문이다(PN 103). 처음에 이 저항은 무질서하고 이용 가능한 직통선을 전경에 내세우지 못한다. 즉, 그것은 아직 자신을 객체로서, 이용 가능한 사실로서 드러내지 않았다. 과학자의 일은 실험과 협상을 통해, 관련 관계들의 일관적 하위집합을 전경화함으로써 이 골치 아픈 저항을 이용 가능한 형태로 활동적으로 포장하는 것이다. 과학은 블랙박스 제조업이다. 사실이란 조작화된 복잡한 문제이다. 그러나 "사실이 자동화될 수 있기 전까지는, 사실-구축자가 시간과 공간에 퍼뜨리고 싶어 하는 요소들은 블랙박스가 아니다. 그것은 하나로서 행위하지 않는다"(SA 131). 주어진 맥락과 관련된 이러한 잠정적이고 기능적인 통합성이 사실을 실체적으로 만드는 요소이다. 이 포장된 기능을 고려할 때, "이제 사실은 자체적인 관성을 갖게 되었다. 사실은 심지어 인간 없이 움직이는 것처럼 보인다. 더 환상적인 점은, 사실이 인간이 전혀 없어도 현존했을 것처럼 보인다는 것이다"(SA 133).

전통적으로 실체에 할당된 형이상학적 작업은 이제 라투르에게서는 블랙박스에 고유한 조작적 관성에 의해 처리된다. 이 플랫폼에서 "실체"라는 용어는 행위자로서의 객체의 지위에 필수적인 견고하고 포장된 저항을 가리킨다. 저항적 이용 가능성의 이중–구속으로서, 은혜는 객체의 이용 가능 상태와 포장 상태라는 동시적 운동을 가능하게 하는 힘으로 현현한다. 은혜가 자주 모호해지는 것은 부분적으로는, 모든 각각의 객체에서 은혜가 흘러넘칠 뿐만 아니라 함께 포장되고 흔들린다는 점에 기인한다.

23

실체

실체에 관해 블랙박스의 관점에서 이야기하는 것은 이롭지만 한계를 지닌다. "블랙박스"는 궁극적으로 라투르가 염두에 두고 있는 것에 비해 너무 견고하고, 단단하며, 영구적이고, 정적인 느낌을 준다. 실체는 사실 문진paperweight보다는 행위, 절차, 제도와 더 비슷하다.

예를 들어, 실체는 존속할지 모르지만 영구적이지는 않다. "영구성은 비용이 너무 많이 들고 너무 많은 동맹을 요구한다"(PF 165). 그리고 우리는 실체의 압축된 강도와 연합된 일종의 필연성에 관해 이야기할 수 있을지 모르지만, " '필연적'이라는 단어와 '우연적'이라는 단어는 오직 저항의 기울기를 기술하기 위해 찰나적으로 사용될 때만 의미를 얻는다"(PF 161). 이와 유사하게, 실체가 동일성을 확립한다고 잠정적으로 말할 수 있지만, 결국에는 "차이와 동일성이 아닌 차이화와 동일화의 행위"만이 존재한다(PF 169). 객체 일반은 움직이는 표적들의 느슨한 군집과 좀 더 유사하다. 실체는 실제로 고체인 것은 아니며, "그것이 결합하고 묘사하는 것의 모든 센티미터를 채우지" 않는다(RS 242). 오히려 실체는 "연결되지 않은 모든 것을 연결되지 않은 채로 남겨둘 따름인 연결망에 좀 더 가깝다. 연결망은 무엇보다도 빈 공간들로 구성되어 있지 않은가?"(RS 242). 실체는 대체로 빈 공간이다. 실체 자체 내에서도 단절이나 텅 빔이 풍부해야 한다는 것은 놀라운 일이 아니다. 실체를 구성하는 집합들조차도 오직 부분적으로만 양립 가능하며, 모든 잠재적 관계의 표준적 입장은 언제나 이용 가능성이 아닌 저항이다. 그 무엇도 사전에 회집된 채로 오지 않고, 완전히 색칠된 채로 오지 않으며, 색칠된 것도 경계들 안에 깔끔하게 남지 않는다.

위의 내용을 염두에 두고 라투르는 대체 용어를 제시한다. 그는 "실체"를 모든 객체에 적용될 수 있는 일반적인 어구로 여기는 대신, 살아있든 살아있지 않든 모든 종류의 객체를 "유기체"로 더 정확하게 기술할 수 있다고 제안한다. 요컨대, 그는 일반적으로 유기체라는 용어를 실체의 대안으로 사용할 것을 제안한다.

"유기체"는 물론 과학적 개념이 아니다. 오히려, 유기체는 실체라는 개념에 대한 형이상학적 대안이다. 오랜 철학적 전통에서, 실체는 스스로 존속하는 것이고 속성을 통해 표현되는 것이다. 반면에 유기체는 자신을 현존하게 하는 다른 사물들과의 상호작용을 통해 스스로를 반복하고 때로는 재생산함으로써, 즉 스스로를 위험에 빠뜨림으로써 자신의 지속에 대한 완전한 대가를 치러야 한다. 어떤 한 사물에 주의를 기울이는 것은 그 사물이 무엇인지, 즉 그것이 어떻게 현존한 채로 남는지를 이해하기 위해 너무나 많은 사물을 고려하게 만든다. (WE 227)

객체지향 형이상학에서, 모든 객체는 살아있든 아니든 살아있는 사물이 하는 것과 동일한 종류의 작업을 수행해야 한다는 점에서 유기체이다. 존속하기 위해서 객체는, 한 순간에서 다음 순간에 이르기까지 자신을 구성하고 둘러싸고 있는 다른 객체들과 협력하여 스스로를 수행하고, 반복하며, 재생산해야 한다. 안정성은 결코 자동적이지 않다.

　이런 의미에서, 현존은 영속적 재창조의 작업이다. 반복하고 또 반복하며 간극은 메워져야 한다. "모든 곳에 창조성이 있다"(WS 470). 분명 "각 유기체에는 선행하는 것과 후속하는 것이 있지만, 원인과 귀결 사이에는 언제나 작은 간극, 작은 틈이 있으며", 유기체는 그 자체로 행위자로서 스스로 간극에 대한 책임을 져야 한다(WS 470). 객체는 결코 더 큰 거시적-힘의 수동적 표현에 불과하지 않다. 객체로 있다는 것은 그 현존이 지속하는 동안, 그 자신의 실체의 표식으로서의 그 작은 간극, 그 작은 저항 공간, 그 작은 초월의 틈, 그 작은 은혜를 계속해서 부여하고 다시 부여하며 교차하고 다시 교차하는 것이다.

24

본질

라투르의 "본질" 개념은 실체를 대하는 그의 태도를 반영한다. 거기에는 본질과 실체가 있지만, 객체의 본질은 그 실체와 마찬가지로 주어진 시선과 관련해서 가소적이다. 객체 일반과 마찬가지로 본질은 우리가 예상했을 것보다 "조금 더 복잡하고, 접혀있으며, 다수적이고, 복잡하며, 얽혀 있는" 국소적 진행-작업이다(RS 144).

객체의 본질은 독립적이기보다는 상호의존적이다. 본질은 넘쳐흐른다. "객체를 논한 전임자들과는 달리", 라투르의 객체는 "명확한 경계도 없고, 잘 정의된 본질도 없으며, 그것의 단단한 알맹이와 환경 사이의 날카로운 구별도 없다"(PN 24). 본질의 상호의존적 특징은 "혼란스럽게 배열된 참가자들이 동시에 본질 안에서 일하고 있으며", 이러한 참가자들은 끊임없이 "온갖 방식으로 본질의 깔끔한 경계를 전위"시키고 있다는 것을 의미한다(RS 202). 각 객체의 본질은 다양한 종류의 객체를 "다양한 방향으로 잇는 수많은 연결, 촉수, 의족"에 따라 달라진다(PN 24). 그 결과 본질은 매끄럽기보다는 얽혀 있으며, 객체 자체가 "리좀과 네트워크를 형성하는 얽힌 존재자의 양상을 띠게 된다"(PN 24).

그렇다면 본질의 안정적이고 정착된 특징을 설명하는 것은 무엇인가? 본질에 대한 이러한 유동적 개념화에서 명백하게 "본질적인" 것으로 나타나는 특징은 거의 없다. 라투르의 설명이 전통적인 본질 개념을 특이한 형태로 억제한다는 것은 사실이지만, 이 용어의 중요한 양상은 여전히 유효하다. 본질은 영구적이지 않으며 추출할 수도 없지만 추적할 수는 있다. 객체는 – 소진적으로는 아니지만 – 정확하고 충실하게 정의될 수 있다. 그러나 "존재자를 정의하기 위해서는 본질이나 사태와의 상응을 찾는 것이 아니라 한 요소가 들어가는 모든 통합체syntagm 또는 연합체의 목록을 찾아야 한다"(PH 161). 본질은 공시적이고 계열체적인

paradigmatic 것이 아니라 통시적이고 통합적인syntagmatic 것이다. 방법론적으로, 객체의 본질을 정의하는 것은 주어진 시선과 관련된 관계들의 집합을 추적하고 나열하는 어려운 작업으로 귀결된다. 라투르에게는 본질을 추적하는 작업이, 사물을 선제적으로 압축하는 것이 아니라 사물을 접고 접합하는 작업이라는 점은 놀라운 일이 아니다. 라투르의 모든 거시적인 것과 마찬가지로 본질은 객체에 첨가되는 것이다.

설령 본질이 불완벽하더라도, 그 특이한 안정성은 본질이 반복적이고 습관적으로 객체에 첨가되는 방식에 의존한다. 습관적 첨가의 일관성은 접근 방식을 명료하게 만든다. 그 결과, 라투르는 종종 본질이라는 용어를 피하고 대신 습관에 관해 이야기하기를 선호한다. 본질은 습관이다. 그가 주장하기를, "본질에 관한 논쟁에서 습관의 조정으로 넘어가는 것"은 유익할 수 있다(PN 87). 그렇다면 객체의 정의를 기술하는 것은 그 객체를 소집하는 일상들을 식별하는 데 의존한다. "우리에게는 새롭게 소집된 이 집단의 구성원들에게 착용시킬 마지막 장신구가 필요하다. 기술된 명제는 본질보다는 습관을 지녀야 한다"(PN 86). 이 마지막 장신구를 첨가함으로써 객체의 무관한 양상들을 깔끔하게 포장해 버릴 수 있다. 다룰 수 있는 객체의 "수수한 나타남"은 "이 모든 상호연결된 매개에 관한 망각을 불러일으키는 습관"에서 비롯된다(MT 251). 객체에 본질을 일상적으로 첨가하는 것은 무관한 연결을 물러나게 하고 해당 객체를 더 손쉽게 이용 가능하게 하는 기억상실을 유도할 수 있다. 습관은 객체를 낯익고 실체적인 형태로 감쌈으로써 본질을 생성한다.

25

형상

라투르는 일반적으로 형상과 구조에 관한 이야기를 못마땅해하는데, 그 이유는 그러한 언어가 종종 어떤 브랜드의 음모론적 환원주의를 위한 형이상학적 은폐막을 제공할 따름이기 때문이다. 그러나 실체와 본질처럼 형상과 구조는 만약 환원주의적 충동이 저지된다면 복귀할 수 있다.

객체의 형상 또는 구조는 주어진 접근 각도와 관련하여 전경이 되는 직통선일 따름이다. 객체의 형상은 부분적으로 환원했을 때 드러나는 객체의 윤곽, 즉 습관적 얼굴이다. 또는, 객체의 형상은 블랙박스가 포장하는 것이 아닌 이용 가능하게 만드는 관계들의 관련 하위집합이다. " '구조'는 빈약한 정보를 가지고 있거나 참가자들이 너무

조용해서 새로운 정보가 필요하지 않은 행위자-네트워크일 따름이다"(RS 202). 모든 객체는 정의상 자신의 형상으로 넘쳐흐르는 물질의 복잡한 네트워크이지만, 모든 객체의 행위성과 잠정적 온전함은 이 형상이 제공하는 틀에 의존한다.

객체지향 형이상학의 관점에서 물질과 형상은 실재적이지만 상대적이다. 하나의 시선과 관련하여 객체의 "형상"으로 전경에 나타날 수 있는 객체의 집합 및 하위집합은 다른 사례에서는 객체의 "물질"로 포장된다. 모든 객체는 다른 객체로 구성되고 다른 객체의 구성에 들어간다. 어떤 주어진 순간에도, 모든 객체는 혼란스러울 정도로 다양한 규모로 분산되어 있는 관계들의 어지러운 배열에 끼어 있다. 형상이 객체의 이용 가능성을 명명할 때, 물질은 그것의 저항을 명명한다. 형상이 추상화될 수 있는 것을 명명할 때, 물질은 남는 잔여물을 명명한다.

토양 분석 사업에서 형상/물질 구별이 어떻게 작용하는지에 대한 라투르의 구체적인 예시를 고려해 보자. 토양의 구성에 관한 사실적인 보고서를 작성하기 위해 관련 과학자들은 물질을 형상으로 변환하거나 그 반대로 변환하는 일련의 추상화 또는 환원 작업에 착수해야 한다. "최종 보고서의 산문은 토양을 추출, 분류, 코딩하는 토양비교 기pedocomparator의 레이아웃에 표시되는 형상을 요약한 도표에 관해 말하며, 토양은 결국 좌표의 교차를 통해 표시되고, 규칙화되며, 지정된다. 모든 단계에서 각 요소는 그 기원이라는 측면에서 물질에 속하고 그 목적지라는 측면에서 형상에 속한다. 그것은 다음 단계에서 다시 한번 너무 구체적으로 되기 전에 너무 구체적인 영역으로부터 추상화되었다"(PH 56). 과학자들은 토양의 현장field 자체에서 자신들의 작업을 시작한다. 그러나 눈에 보이는 현장의 표면 구조는 과학자들을 흥미롭게 만드는 객체의 양상과 일치하지 않으며, 주어진 것으로서의 물질은 그 자체로 다루기에는 너무 야생적이고, 너무 혼란스럽고, 너무 복잡하다. 원하는 윤곽을 시야에 표시하려면 특수한 시선을 채택해야 한다. 그렇다면 첫 번째 단계는 실로 된 공과 일종의 나무 말뚝을 사용하여 십자형 좌표 격자를 조심스럽게 측정하는 것이다. 이 격자는 다루기 힘든 현장을 다루기 쉬운 사각형의 바둑판으로 이용 가능하게 만든다. 이 격자를 통해, 현장의 형상이 가진 이전에는 모호했던 양상이 전경화되고, 무관한 복잡성이 환원되고 포장되었으며, 다양한 토양 샘플의 상대적 소재가 명확해졌다. 동시에, 이 형상의 전경화는 새로운 행위를 향한 길을 열었다. 처음에는 객체의 모호함과 복잡성에 얼어붙었던 과학자들은 이제 향상된 이용 가능성으로 인해 행위에 나설 수 있게 되었다.

과학자들은 격자의 여러 구간에서 핵심적 토양 샘플을 채취하고 "토양비교기"(토양 샘플을 배열하고 비교하기 위한 장치)를 전개하여 형상을 전달하고 번역한다. 그들의 이전 작업에 기반해서 새로운 시선이 채택되었다. 형상이었던 것은 이제 물질이 되었다. 처음에는 열린 현장과 관련하여 형상으로 조작되었던 토양의 격자는 이제 토양비교기가 조작하는 원재료로 기능한다. 추가적인 추상화 또는 환원이 수행되어 토양 샘플의 주요 양상이 이제 더욱 명료하게 보인다. 과정은 다음 추상화 수준에서 반복된다. 토양비교기가 조직하고 표시한 토양 샘플은 이제 이전에는 볼 수 없었던 복잡성의 층과 샘플들 사이의 상호연결성을 나열하고 표시하는 도표를 구성하기 위한 원재료가 된다. 마지막으로, 도표 자체가 분석을 위한 물질이 된다. 최종 보고서가 준비되며 도표는 더욱 휴대성이 뛰어난 윤곽이라는 설명적 산문 사이에 끼워진다. 과정의 각 단계에서, 물질과 형상은 장소를 바꾼다. 그리고 과정의 각 단계에서, 토양의 복잡성 중 일부 양상은 포장 상태가 되고 다른 양상은 이용 가능 상태가 된다.

최종 보고서는 초기의 육안 관측보다 토양의 장에 관해 더 많은 것을 알려주기도 하고 덜 알려주기도 하지만, 다음 단계를 위해 물질이 형상으로 변환되는 과정으로부터 객체의 근본적 연속성을 추적할 수 있다. 물질로 나타나는 것과 형상으로 나타나는 것은 향하는 방향에 따라 달라진다고 라투르는 주장한다. "각 요소는 그 기원이라는 측면에서 물질에 속하고 그 목적지라는 측면에서 형상에 속한다"(PH 56). 객체의 물질이란 그로부터 객체의 윤곽이 추출되는 것이다. 객체의 형상은 현재의 공작이 지향하는 이용 가능성이다. 물질은 객체의 출처이다. 형상은 객체의 목적지이다.

26

주체

객체지향 형이상학의 맥락에서 "객체"라는 단어의 사용은 논쟁의 여지가 있다. 형상적이든 물질적이든, 살아있든 살아있지 않든, 감각적이든 감각적이지 않든, 의식적이든 의식적이지 않든, 인간이든 비인간이든 현존하는 모든 것을 기술하기 위해 객체라는 용어를 무차별적으로 사용하는 것에는 객체가 이분법적인 주체/객체 쌍의 한 요소에 불과하다는 일반적인 적용을 약화시키려는 의도가 있다. 수사학적으로, 방정식의 절반인 객체를 옹호하는 것은 반대항 자체를 복잡하게 만들고 문제화하기 위한 것이다. 이 선택은 철학에서도 신학에서도 전술적인 것이다. 그러나 원리적으로, 우리는 지금까지 기술한 것과 조금도 다르지 않은 "주체지향" 형이상학을 생산적으로 구성할 수 있다. 주체/객체 쌍에 대한 라투르의 관점을 이해하기 위한 핵심은 초월·실체·본질·형상 등에 관한 그의 관점에 대해서와 마찬가지로 비환원의 원리이다.

라투르의 설명에 따르면, 모든 객체가 행위자라는 것과 동일한 의미에서 모든 객체는 또한 주체이다. 형이상학적 음모론을 금지하고 모든 객체에 비환원적 행위성과 책임을 부여함으로써, 라투르는 존재 자체를 효과적으로 주체화한다. 현존한다는 것, 객체로 있다는 것은 행위자 또는 주체로 있다는 것이다. 순수하게 수동적인 객체는 없다. 심지어는 다른 행위자의 구성을 위한 물질로 포장될 때조차 객체는 결코 "자신을 위한 행위를 멈추지 않는다"(PF 197). 이 시나리오에서도 객체들은 "각각 자신의 구성을 조장하고, 자신의 무리를 형성하며, 다른 주인·의지·기능을 섬긴다"(PF 197). 하지만 마찬가지로 ─ 그리고 이것이 논쟁의 결론인데 ─ 순수하게 능동적인 주체도 없다. 모든 행위자는 저항적 이용 가능성의 이중-구속에 사로잡히고 그것에 의해 가능화된다. "소유한다는 것은 또한 소유되었다는 것이며, 애착을 가진다는 것은 붙잡으면서 붙잡힌다는 것이다"(RS

217). 고난과 책임은 모두 보편적이다.

비환원의 원리는 이러한 주체/객체 교차-오염을 공리화한다. 사실상 비환원의 원리는 다음과 같이 주장한다 : (1) 어떤 주체도 객체의 지위로 완전히 환원될 수 없으며, (2) 어떤 주체도 부분적으로 객체의 지위로 환원되는 것에서 면제될 수 없다. 주체의 초월이 환원에 저항할 때, 객체의 내재는 환원을 위해 이용 가능하다. 라투르에게 모든 주체는 객체들로만 구성되며, 모든 객체는 객체 자체로 한정되기 위해 주체의 윤곽을 드러내야 한다.

라투르는 환원주의적 순수성을 향한 전통적인 형이상학적 충동이, 일반적으로 행위자를 행위자 스스로 요구하듯이 선들의 빈틈 없는 교차wire-crossed로 구성된 항으로 보는 것을 방해하는 맹점이라고 본다. 주체와 객체를 적으로 만들어 "결코 같은 공간에 함께 모일 수 없도록" 만드는 것은 선험적 단순성을 향한 충동이다(PN 72). 음모론은 그것들의 상호 배제를 전제함으로써 시작된다. 주체는 비-객체로 정의되고 객체는 비-주체로 정의되었다. 그 결과는 우리를 사회적 구성주의나 소박한 실재론으로 몰아넣어 "객체에 굴욕을 주는 것을 수반하지 않는 주체에 관해서는 아무것도 말할 수 없고", "주체에 수치를 주는 것을 수반하지 않는 객체에 관해서는 아무것도 말할 수 없게" 만드는 자연/문화 분열의 또 다른 버전이다(PN 72). 우리가 주체에서 출발하면 "객체에는 아무런 의미도 없으며, 사회가 자신의 영화를 투사하는 흰색 화면으로 사용하기 위해 존재하는 것일 따름"(WM 53)이게 된다. 그러나 객체에서 출발하면, "객체들은 너무 강력해서 인간 사회를 형성하고" 주체를 따돌리게 된다(WM 53).

> 첫 번째 비난에서 사회는 독자적sui generis으로 강력해서 사회가 대체하는 초월론적 자아 외의 원인을 가지지 않는다. 사회는 매우 근원적이어서 자의적이고 형태 없는 물질을 주조하고 형태 지을 수 있다. 그러나 두 번째 형태의 비난에서 사회는 무력해져, 그 행위를 완전히 결정하는 강력한 객관적 힘에 의해 차례차례 형성되었다. 사회는 객체들과 비교해 너무 강력하거나 너무 약하고, 반대로 객체 또한 너무 강력하거나 너무 자의적이다. (WM 53)

이에 대해 라투르는 미셸 세르를 따라 "준객체, 준주체라고 부르는 것"(WM 51)으로 행위자를 칭할 것을 제안한다 (WM 51).

　나아가, 현대의 이 주체/객체 딜레마의 형태가 신학으로부터 계승된 방식을 이해하기는 어렵지 않다. 주체와 객체를 형이상학적으로 완벽하게 분리하는 것은 여러 측면에서 세속적인 옷을 입은 오래된 영혼/신체 문제의 또 다른 개정판일 뿐이다. 나는 이 근거를 다시 다루지는 않겠지만, 라투르의 준객체가 영혼을 생산적인 방식으로 다시 특징짓기 위한 길을 열어준다는 점을 지적할 가치가 있다. 라투르의 설명에 따르면, 영혼조차도 저항적 이용 가능성의 이중-구속으로 은혜를 입는 객체일 것이다. 영혼조차도 구성하고 구성된다. 모든 영혼은 육신으로만 이루어져 있는가? 그리고 모든 육신은, 육신 자체로 있기 위해 영혼의 윤곽을 보여야 하는가? 모든 준영혼은 준육신인가?

27

참조

만약 객체가 그것이 맺는 관계들일 따름이라면, 현존 자체가 참조들의 짜임이다. 이런 의미에서 존재론은 기호학이며 객체의 구성에 관해 묻는 것은 참조의 본성에 관해 묻는 것이다. 라투르에게 번역과 표상은 현존 연산자exis-tential operator이다. 인간 언어는 다른 표상 양태와는 종류가 다른 특별한 사례가 아니다. 인간 언어는 보편적인 주제에서 분기된 변형일 뿐이다. 영혼과 신체, 주체와 객체, 형상과 물질 등 이것들은 각각 "어떻게 말씀이 육신이 되는가?"를 묻는 수많은 방식일 따름이다. 또는 반대로, "우리는 어떻게 세계를 언어로 포장할 수 있는가?"를 묻는 수많은 방식이다(PH 24).

라투르의 설명에 따르면, 참조는 결론이 아니라 공리이다. 비환원의 원리는 참조를 보장한다. 그것은 동일성을 금지(어떤 객체도 완전히 환원될 수 없음)하고 고립을 금지(어떤 객체도 부분적 환원으로부터 자유로울 수 없음)한다. 한 객체에서 다음 객체로 참조 공정을 실행하는 이 땅의 작업은 완벽한 동일성의 천국으로 도피하거나 총체적 고립의 지옥으로 빠져나가는 것으로는 피할 수 없다. 모든 참조는 부분적 환원, 불완벽한 번역, 즉석 동맹을 통해 진행된다. 객체는 이용 가능한 객체를 표상적으로 동원하거나 원격 네트워크에 참조적으로 연행되는 방식을 통해 그것의 조작적 형태로 확장된다.

인간 언어와 관련해서, 규칙은 다음과 같다 : 언어는 여타의 객체처럼 취급되어야 한다. 언어는 객체일 따름이다. 한쪽에는 "언어"를 두고 다른 한쪽에 "사물"을 두는 것으로 시작하는 것은 한쪽에는 주체를 두고 다른 쪽에는 객체를 두는 것으로 시작하는 것과 다르지 않다. 두 경우 모두 객체들 사이를 순환하는 객체들 사이를 순환하는 객체들이 있을 뿐이다. 모든 객체는 언제나 기표인 동시에 기의이며, 객체를 끼워 넣는 참조적 교환의 다기능 그물망polyvalent web은 헤아릴 수 없을 정도로 넓게 퍼져 있다. 라투르가 지적하기를, "오래된 합의는 언어와 세계 사이의 간극에서 시작되었고, 그다음 언어와 자연이라는 총체적으로 다른 두 가지 존재론적 영역으로 이해되는 것 사이의 위험한 상응correspondence을 통해 이 틈을 가로지르는 작은 인도교를 건설하려고 시도했다. 나는 상응도, 간격도, 심지어는 두 개의 별개의 존재론적 영역도 없으며 완전히 다른 현상, 즉 순환하는 참조가 존재한다는 것을 보여주고자 한다"(PH 24). 라투르는 참조는 "상응"이 아니며, 단어와 사물 사이에는 원초적인 틈이 없다고 주장한다. 오히려, 참조가 순환하는 간극은 자신의 일상 업무를 수행하는 평범한 객체에 고유한 주거용 울타리이다. 참조는 이웃이 이웃에게 빌리거나 빌려주는 사업이다. 그것은 객체 자체를 구성하는 주고받기, 저항과 이용 가능성의 일반적 경제에 대한 이름이다. " '참조'라는 단어는 사슬 전체의 성질을 나타내며, 더 이상 지성과 대상의 일치adequatio rei et intellectus가 아니다"(PH 69). 참조는 교차로써-활용되는 객체들의 이러한 접합 사슬을 가로질러 순환하는 것이다.

라투르는 이러한 접근법을 참조에 대한 "보행형"deambulatory 개념화라고 부른다. 그 이름은 윌리엄 제임스로부터 빌려 왔다. "이것이 바로 윌리엄 제임스가 '진리에 관한 보행형 이론'이라고 불렀던 것으로, 형상들의 연속적인 수정을 통해 두 개의 잠정적 종착점 사이, 즉 여기 저명한 청중들 사이에 있는 하나의 종착점 그리고 부재하고 멀리 있는 다른 하나의 종착점 사이에 있는 시공간적인 경로를 추적하는 것이다. 이 둘 사이의 연결은 내가 다양한 유형의 기입inscription이라고 부르는 것, 즉 '형상'으로 깔려 있는데, 그것은 다른 모든 것, 즉 '물질'이 변화하는 동안 일부 특징을 안정적으로 유지하는 특이성을 지니고 있다"(TS 215). 이 관점에서 참조는 물질로부터 형상을 추출하는 노동이다. 토양 샘플을 수집하는 과학자에 관한 라투르의 예시에서처럼, 객체의 관련 하위집합이 전경으로 표시된 다음 현장에서 격자로, 격자에서 토양비교기로, 토양비교기에서 도표로, 도표에서 산문으로 반복되는 물질 변환을 거칠 때, 연결들이 마련되고 참조의 사슬이 접합된다. 참조한다는 것은 관련 윤곽을 전경에 배치한 다음 다수의 물질적 매개체를 가로질러 이러한 윤곽의 양상을 반복적으로 정렬하는 것이다. 비결은 "가능한 한 적은 양과 가능한 한 많은 양을 동시에 보유하는 기입을" 고안하는 것이다. 이 현전과 부재 사이의 절충은 종종 정보라고 불린다. 정보 조각을 가지고 있다는 것은 사물 그 자체가 없이 무언가의 형상을 가지고 있다는 것이다(SA 243). 참조는 성변화transubstantiation된 양식이 이렇게 한 정렬에서 다음 정렬로 보행하는 것이다.

라투르에게 정렬은 매우 중요한 것인데, 참조 사슬의 실행 가능성은 그것이 양방향으로 횡단될 수 있는지에 의존하기 때문이다. "이 사슬의 본질적 특성은 그것이 가역성을 유지해야 한다는 것이다"(PH 69). 참조 정렬에는 역류가 필요하다. 빌린 것은 돌려줄 수 있는 것이어야 한다. 참조는 다방향의 합의로서, 관련 객체들이 일치된 입장에 잔류하도록 설득할 수 있는 동안에만 유효하다. 한 당사자가 만족하는 것만으로는 충분하지 않다. "여기서 우리는 이전과 동일한 연속성을 발견"하지만, 그 온전함은 "필요에 따라 발자취를 되돌릴 수 있는 가역적인 경로를 확립하는 흔적들의 보존"에 의존한다(PH 61). 또한, "과학자들은 물질/형상의 변형을 가로질러 동선을 세운다. 환원, 압축, 표시 연속성, 가역성, 표준화, 텍스트 및 숫자와의 양립 가능성 등 이 모든 것이 일치^{adequatio}보다 훨씬 더 중요하다"(PH 61).

관련 객체들의 정렬로부터 전경화, 추출, 편집, 번역, 작업-윤곽 생성을 수행하기 위해 이러한 동선을 구축하는 방법은 객체 자체만큼이나 다양하다. 만약 인간이 개입한다면, 참조 사슬은 언어를 가로지르는 것으로 그 길이 끝날 수 있지만, "언어로의 경로에는 그 무엇도 특권이 없으며, 모든 단계가 참조의 둥지^{nesting}를 포착하는 데 동등하게 잘 사용될 수 있다. 어떤 단계에서도 이전 단계를 복사하는 것은 문제가 아니다. 오히려 각 단계를 그 앞뒤의 단계와 정렬시켜, 마지막 단계에서 시작하여 첫 번째 단계로 돌아갈 수 있게 하는 것이 문제이다"(PH 64). 언어는 참조할 수 있지만, 모든 객체가 그렇다. 이런 측면에서 언어는 유일하지 않다. 언어가 있든 없든, 참조와 표상은 구상할 수 있는 모든 규모의 모든 객체에서 끊임없이 작용하며, 언어가 있든 없든 참조의 "둥지"가 그것들에 힘과 온전함을 부여한다. 참조 사슬의 힘은 가능한 한 많은 단계의 블랙박스를 성공적으로 정렬, 연결, 축적, 또는 연동하는 그것의 능력에 달려 있다. 참조의 힘을 알고 싶은가? 그것이 얼마나 영리하게 포장 작업을 수행할 수 있는지 알고 싶은가? 그렇다면 우리는 물어야 한다. 즉, 그것은 얼마나 많이 정렬되고 서로 의존하는 형상의 성층들을 열에 넣을 수 있는가? 그것은 어떤 "연속적인 방어선의 접힌 배열"을 생성할 수 있는가?(SA 48).

28

진리

객체지향 형이상학에서 진술의 진리성은 오로지 진술 뒤에 줄을 서도록 설득된 관련 행위자들의 수에 의존한다. 진리와 관련하여 라투르는 당당한 포퓰리스트다. 그 결과는 일종의 상대주의이지만, 진리에 대한 다른 포퓰리즘적 개념화를 향한 라투르의 강력한 비판은 그것들이 포퓰리즘에 충분히 가깝지 않다는 것이다. 합법적으로 대다수 유권자의 권리를 박탈하는 음모론적 포퓰리즘(즉, 위장된 엘리트주의)은 뽑을 만한 가치가 있는 사람을 선출하는 일이 거의 없을 것이다. 참조적 포퓰리즘의 실행 가능성은 유권자의 저변을 — 살아있든 살아있지 않든, 감각적이든 비감각적이든, 의식적이든 무의식적이든, 인간이든 비인간이든 — 이용 가능한 모든 객체를 포함하도록 급진적으로 확대하는 데 의존한다.

　형이상학적 민주주의에서는 모든 객체가 투표권을 가진다. 몇몇 사람에게만 설득력이 있는 진술을 만드는 것은 크게 성공하지 못한다. 만약 당신이 빙산에 관해 진실하게 말하고 싶다면 동료 과학자, 어떤 영향력 있는 정치가, 혹은 중산층 어머니 무리를 설득하는 것만으로는 충분하지 않다. 진정한 견인력을 얻으려면 빙산 스스로가 당신의 말을 따르도록 설득해야 한다. 만약 꿀에 관해서 주장하고 싶다면 당신의 정렬은 양봉가뿐만 아니라 꽃과 벌집, 꿀벌도 열에 넣어야 한다. 동의하는 꿀벌이 많을수록 당신의 주장은 더욱 단단한 것이 된다. 진리에 관한 한, 권위에 호소하는 것은 그러한 권위가 동원할 수 있는 대중만큼의 무게만 지닌다. 부재한 신, 천사, 플라톤주의적 형상, 자연법칙, 또는 본체적 사물 그 자체에 의해 주관되는 진리에 대한 전면적 호소는 아무런 힘을 지니지 않는다. "지식의 왕국을 연상시키는 것 이상으로 또 다른 초월론적 세계가 있다는 인상을 심어줄 수 있는 것은 없다"(PF 215). 진리는 마법 왕국의 영역이 아닌 평범한 민주주의의 산물이다. 투표하려면 투표소에 출석해야 한다.

과학자, 변호사, 교사, 의사, 정치가, 종교 지도자, 기업가 등이 참여하는 정렬 작업, 즉 참조 공작의 작업은 표를 얻기 위한 것일 따름이다. 이 작업을 피할 수 있는 형이상학적 지름길은 없다. "만약 불운한 마녀가 전투에서 승리의 공을 마법의 의식으로 돌린다면, 그 마녀는 순진하다며 조롱받는다. 그러나 만약 저명한 연구원이 실험실의 성공에 대한 공을 혁명적 관념으로 돌린다면, 모두가 웃어야 함에도 아무도 웃지 않는다. 관념으로 혁명을 일으킨다는 생각을 말이다!"(PF 217). 저항적 이용 가능성의 이중-구속과 그에 수반되는 작업에는 예외가 없다. 관념은 연금술이 아니며, 진리는 초자연적 은행에 의해 뒷받침되지 않는 법이다. 관념과 진리는 다른 모든 객체와 마찬가지로 설득하고, 협상하며, 번역하고, 고난을 겪어야 하는 객체이다.

엄밀히 말해서, 라투르가 주장하기를, "우리는 관념을 가지고 있지 않다"(PF 218). 관념에 관한 전통적인 개념은 너무 번드르르하다. 관념보다는 "글쓰기 행위, 추출된 기입을 가지고 작업하는 행위, 마찬가지로 글을 쓰고, 새기고, 말하고, 유사하게 특이한 장소에서 살아가는 다른 사람들과 대화함으로써 실천되는 행위, 그리고 말하고, 쓰고, 읽히기 위해 만들어진 기입으로 설득하거나 설득에 실패하는 행위가 있다"(PF 218). 관념은 객체이기에, 그것은 수행되어야 하는 행위, 반복되어야 하는 작업, 협상되어야 하는 동맹, 정리되어야 하는 포장이다. 사고는 명백하게 뇌, 손가락, 언어, 종이, 펜, 책상, 책, 계산기, 의자, 산소 등과 같은 객체들을 요구하는 일종의 실천적 작업, 육체노동이다. "그렇다면 왜 이 사고의 거래는 다른 모든 것과 달리 비육체적이라고 여겨지는가?"(PF 187). 이러한 오해를 고려할 때, 진리와 관련하여 다음과 같이 말하는 편이 더 나을 수 있다. "우리는 생각하지도 추론하지도 않는다. 오히려 우리는 텍스트, 기입, 흔적, 물감 등 유약한 소재를 가지고 다른 사람들과 함께 작업한다. 이러한 소재들은 용기와 노력으로 연합되거나 연합되지 않으며, 얼마간 이들을 하나로 묶어주는 좁은 네트워크 밖에서는 의미, 가치, 정합성을 가지지 않는다. 물론 우리는 행위자를 영입하여 이 네트워크를 확장할 수도 있고, 더 튼튼한 소재를 사용하여 네트워크를 강화할 수도 있다. 그러나 우리는 잠자는 동안에도 네트워크를 버릴 수 없다"(PF 186). 그러나 왜 우리는 그것을 버리고 싶어 할까? 관념의 요점 전체는 이 세계의 객체들과 우리의 연결을 더욱 확장하고 우리를 그것들과 더욱 단단하게 묶어주는 것이지, 환상적인 독립을 위해 그 관계를 끊어버리는 것이 아니다.

지식의 목적은 고립시키는 것이 아니라 회합하는 것이고, 어떤 타락 전의 자유를 회복하는 것이 아니라 새로운 종류의 상호의존성을 만들어내는 것이다. 참조는 환원적 상응을 통해 작동하지 않으며 지식도 마찬가지이다. "참조가 사물의 검수를 받은 문장을 통해 그 사물을 지정하는 것이 아닌 것처럼, 지식은 정신과 객체의 대면에 관한 것이 아닌 것처럼 보인다"(PH 69). 투자, 정렬, 협상, 번역, 다방향 합의, 자본 대출이 게임의 이름이다. 참조의 놀이를 관찰하면서, "모든 단계에서 우리는 한쪽 끝은 물질에 속하고 다른 한쪽 끝은 형상에 속하며, 어떤 유사성도 메울 수 없는 간극으로 다음 단계와 분리되는 공통 연산자를 인식했다"(PH 69). 진리는 빌려 온 형상들의 접합 선을 위아래로 넘나들며 정렬을 다듬고 합의를 도출하는 공통 연산자이다.

우리는 정확성보다는 합의와 정렬의 관점에서 이러한

공통 연산자의 작용에 관해 이야기하는 것이 더 나은데, 진리치를 측정할 수 있는 다양한 객체들의 유동적이고 경쟁적인 주장 외에는 아무것도 없기 때문이다. 원본은 없다. 객체는 뼛속까지 복사본이다. 우리가 진리들에 관해 알 수 있는 것은 "그것들이 어디로 이끄는지, 얼마나 많은 사람이 무엇을 매개로 그것들을 따르는지, 그것들이 얼마나 퍼지기 쉬운지이지 옳은지 그른지가 아니다"(SA 205). 다행히도 진리들이 이용 가능한 경우, 이 정도면 충분하다. 진리는 반복되는 것만으로도 충분하다. 진리는 대중성과 내구성의 함수이다. 만약 어떤 진리가 설득력 있는 양의 인간 및 (특히) 비인간과 맞아떨어지고, 그러고 나서 스스로 복사되고 반복되는 것에 성공한다면, 그것은 경력을 쌓게 된다. 진리는 "후대에 자신을 넘기지 못하면 살아남을 수 없는 유전자와 매우 흡사하다"(SA 38). 인간과 비인간 모두에게 설득적이지 않은 주장은 금방 사라질 것이다. "단어가 다른 단어와만 연합될 수 있다고 어디에 쓰여 있는가?"(PF 183). 또는, 심지어 단어가 인간과만 연합될 수 있다고 어디에 쓰여 있는가? 단어는 "의미, 단어들의 시퀀스, 진술, 뉴런, 몸짓, 벽, 기계, 얼굴과 협업 관계를 맺을 수 있다"(PF

183). 텍스트 바깥에는 아무것도 없다. 모든 것은 공평한 게임이다. "문자열의 견고성을 시험할 때마다 우리는 벽, 뉴런, 감상, 몸짓, 심장, 정신, 지갑 — 즉, 동맹, 용병, 아군, 매춘부courtesan의 이질적인 다수성 — 에 대한 애착을 측정하고 있는 것이다"(PF 183). 진리의 안정성은 이러한 특설된 이질성에 의존한다.

그렇다면 객체지향 세계에서는 "우리는 우리가 원하는 것을 무엇이든 말할 수 있지만 그럼에도 그럴 수 없다"라는 것은 참이다(PF 182). 우리는 원하는 것은 무엇이든 말할 수 있지만, 자신의 기반을 소외시키는 것은 위험하다. "우리가 말을 하고 단어들을 결집하게 되면서, 다른 동맹들은 더 쉬워지거나 어려워진다. 단어들의 홍수와 함께 비대칭성이 커지고, 의미가 흐르면서 경사면과 고원이 곧 침식된다. 전장에서 단어들끼리 동맹이 맺어졌다. 우리는 신임을 얻고, 눈총을 받고, 도움을 받고, 배신당한다. 우리는 더는 게임의 통제권을 쥐고 있지 않다. 어떤 의미는 시사되지만 다른 의미는 제거된다. 우리는 의미에 관해 논평하고, 그것을 추론하고, 이해하며, 무시한다. 그것이 전부다. 더는 우리가 원하는 것을 말할 수 없다"(PF 182).

언어에 대한 라투르의 접근법이 전통적인 해석학 작업에 관해 가지는 함축은 간단하다. 텍스트를 해석하는 사업에 종사할 때, 우리는 어떤 특별한 일을 하는 것이 아니다. "해석학은 인간의 특권이 아니라, 말하자면 세계 그 자체의 특성이다"(RS 245). 어떤 진전을 이루기 위해서 "우리는 말하는 인간과 말 못 하는 세계 사이의 분할을 폐기해야 한다"(PH 140). 목수가 집을 지을 때, 나무가 수액을 만들 때, 박테리아가 번식할 때, 그것들은 기호들과 마찬가지로 각각 타협과 협상의 어려운 작업을 거쳐야 한다. 라투르의 설명에 따르면, 해석학은 광합성과 질적으로 다르지 않다. 모든 객체는 빌리고, 벗기고, 긁고, 구부리고, 차이화하고, 지연해야 한다.

　라투르의 저작은 객체가 객체로 있는 것을 허용한다. 그는 "의미의 세계와 존재의 세계는 하나이자 같은 세계이며, 그것은 즉 번역, 대체, 위임, 전달의 세계"라고 주장함으로써 일반 허가를 선언한다(WM 129). 그는 어떤 원죄, 해석학적 죄의 개념을 일축하고 그에 수반되는 죄책감을 없앤다. 해석과 번역의 필요성은 타락한 세계의 표시가 아니라 삶의 실체이다. 산다는 것은 해석하는 것이다. 이것은 이해하기 어려울 수 있다. "당신이 해석학에 관해 말할 때, 당신이 어떤 예방책을 취하든 언제나 필연적인 것을 예상한다 : 즉, 누군가가 불가피하게 이 말을 추가할 것이다 : '물론 해석된 것이 아닌 "자연스러운", "객관적인" 사물들도 현존한다' "(RS 144~145). 물론, 그렇지 않다. 이것은 모든 자연적 객체가 인간의 간섭으로 오염되어서가 아니라, 모든 객체는 언제나 이미 다른 객체의 해석적 간섭으로 당겨지고 오염되어 있기 때문이다.

　객체가 겪는 이 약함은 은혜이다. "해석학, 성경 해석학, 기호학을 사용하는 사람들이 텍스트에 관해 말하는 것은 모두 약함에 관한 것일 수 있다. 하나의 텍스트와 다른 텍

스트 사이의 관계는 언제나 해석의 문제라는 합의의 역사
는 길다. 이것이 소위 텍스트라 불리는 것과 소위 객체라
불리는 것 사이, 그리고 소위 객체라고 불리는 것 자체 사
이에서도 참이라는 점을 왜 받아들이지 않는가?"(PF 166).
설령 우리가 그러고 싶어도 " '언어'의 역할을 할 행위소와
'사물'의 역할을 할 행위소를 오랫동안 구별하는 것은 불가
능하다"(PF 184). 한 가지 측면에서 라투르의 지적은 상식적
이다. 의미작용은 다루기 힘든데, 단어들이 투명하지 않기
때문이다. 단어들은 그 자체로 역사, 궤적, 약함, 압력을 가
진 물질적 객체이다. 글을 써본 사람이라면 누구나 "불투
명하고 밀도가 높으며 무거운" 글의 특성을 잘 알고 있다
(PF 184). 변덕스러운 단어들을 페이지의 한 줄로 묶어 보
관할 수 있는 방식으로 쌓는 것은 어려운 작업이다. 비환
원적인 변덕스러움 ─ 물질적 객체로서의 단어가 사육화에 저
항적이고 유혹을 위해 이용 가능하다는 사실에서 비롯되는 변
덕스러움 ─ 에 대한 이 인식은 기호학적 유물론이라고 적절
히 불린다. 라투르의 주장은 이 정식의 양쪽 절반을 다른
절반에 대한 한정으로 이해해야 한다는 것이다 : 기호는 언
제나 물질적이지만, 물질적 객체는 또한 언제나 기호학적

이다. 기표는 그 자신의 물질적 생명을 가지고 있으므로, "기표에 관해 말해진 것은 모두 옳지만, 그것은 다른 모든 종류의 활력entelechy에 관해서도 말해져야 한다"(PF 184).

해석학의 범위를 급진적으로 확장하여 존재론화한다고 해서 라투르가 텍스트의 가능한 해석에 관해 "무엇이든 가능하다"라는 태도를 취하는 것은 분명 아니다. 라투르가 포함된 당사자의 수를 대폭 늘렸다는 사실로 인해서 가능한 해석에 엄격한 제한이 걸린다. 당신의 독해로 다른 인간뿐만 아니라 비인간 무리까지 설득해야 할 때 해석의 기준은 훨씬 더 높아진다. 게다가, 비인간은 일반적으로 현저히 덜 속아 넘어가기 때문에 사태 전체를 안정시키는 경향이 있다. 해석학에 대한 라투르의 접근법은 자유방임주의적일 수 있지만, 그가 해방한 시장의 힘은 결코 무시할 만한 것이 아니다.

해석이 작동되게 하려면 시장에 민감해야 하며, "사물들이 우리가 그 사물들에 관해 말하는 것과 관련이 있도록 만들기 위해 끊임없이 작업해야 한다"(PN 85). 해석은 제안된 독해, 텍스트의 언어, 그리고 관련된 객체(인간 및 비인간) 사이를 오가며 끊임없이 그것들을 정렬시키기 위해 노력해야 한다. 해석을 기교 없이 부여하는 것이 불가능하지는 않지만, 그 대가는 천문학적으로 높을 것이다. 적나라한 힘은 비싸다. 라투르가 지적하기를, 토양학자는 토양 샘플을 가지고 작업하며 "형태 없는 지평선에 사전에 결정된 범주를 부여하지 않고, 흙 조각의 의미를 토양비교기에 로딩loading하여 추론하고 기술한다"(PH 50~51). 이미지는 생산적이다. 해석은 누군가의 의지를 수동적인 물질에 부여하는 것과 같지 않다. 그것은 빌려 온 의미를 휴대용 객체에 로딩하는 것과 좀 더 유사하다. 해석은 텍스트에 로딩되며, 텍스트는 사람에 로딩되고, 사람은 주변 객체들에 로딩된다. 작동하는 해석을 가지는 것은 각각의 객체를 서로에게 알맞게 로딩하고, 실행 가능하게 둥지를 틀 수 있도록 정렬하는 데 의존한다. 읽는다는 것은 로딩하는 것이며 이식하는 것이다. 독해를 이식하는 방법은 여러 가지가 있을 수 있지만, 탑재 장비가 맞지 않으면 이식이 제대로 이루어지지 않을 수 있다.

예를 들어 당신이 지구의 나이가 6천 년밖에 되지 않았다는 점을 요구하는 「창세기」에 대한 훌륭한 독해를 제공하고 싶다고 가정해 보자. 라투르는 이에 대해 이의를 제기하지 않는다. 당신은 기꺼이 시도할 수 있다. 그러나 인간의 하위집합이 당신의 독해를 따르도록 설득하는 것만으로는 충분하지 않다. 비인간도 설득되어야만 한다. 화석의 의견은 중요하다. 탄소14는 발언권을 얻는다. DNA에는 목소리가 있다. 빙하는 무시될 수 없다. 만약 45억 년 동안 있었던 암석과 날씨, 방사능 붕괴가 반대한다면, 당신의 독해는 심각한 결함을 지닌다. 현실적 돌덩어리와 현실적 문자의 의견을 무시하는 "문자 그대로[직서적]" 읽기의 아이러니는 그것이 허무주의와 얽힌다는 것이다. 「창세기」 독해가 결함 없이 반복되지 않는다고 해서 그것이 객관적으로 진실하지 않은 것은 아니다. 그것이 더 이상 언어와 암석을 그 자신의 역사·궤적·약함·압력을 가진 객체로 진지하게 받아들이지 않을 때 그것은 객관적으로 참이 되지 못한다. "자고로 좋은 텍스트는 좋은 독자에게 이런 반응을 촉발해야 한다. '제발, 더 상세히 말해 주세요. 저는 더 상세한 것을 원해요.' 신은 세부사항detail 속에 있으며, 모든 것이 그렇다 — 악마를 포함해서 말이다"(RS 137). 성경 해석의 척도는 바로 이것이다 : 어떤 객체들을, 얼마나 많이, 얼마나 다양하게, 얼마나 오랫동안 불러내는가? 회복해야 할 근원적 의미는 없다. 설득해야 할 객체들이 있을 따름이다. 더 많을수록, 더 낫다.

『누가복음』에 나오는 수태고지 텍스트에 관해 논평하면서 라투르는 해석학에 대한 접근법의 모델을 제작한다. 그는 자신의 노력에 대해 다음과 같이 말한다. "성경 해석을 향한 오랜 관심에도 불구하고, 나는 이 텍스트의 근원적 진리를 표현할 권한이 없다. 그러나 이 텍스트가 누구에게나 관련되어 있으므로, 나는 누가Luke가 그랬던 것처럼 이 고대의 층에 훨씬 더 일상적인 다른 층을 추가함으로써 상술하고, 윤문하며, 확장하고, 재번역하며, 합리화하고, 배신betray할 수 있다. 그리고 나서 이 두 층의 중첩이 '영적'이라는 단어의 유일한 실재적 내용인 섬광, 즉 불꽃을 생성하지 않는지 확인할 수 있다"(TS 233). 정렬의 그 섬광, 그 불꽃은 소리의 공명과 함께 독해가 객체에 부딪힐 때 초래되는 바로 그것이다.

30

실험실

독해는 실험이다. 해석자들은 과학자들이 실험실에서 하는 것과 같은 종류의 작업을 수행한다. 두 경우 모두 "어떤 무리가 세계를 구성하고 어떤 행위성이 그 무리로 하여금 행위하게 하는지를 행위자 대신 결정하는 것은" 해석자의 일이 아니다(RS 184). 대신, 과학자처럼 해석자의 임무는 "이러한 다양성이 최대로 발휘될 수 있는 인공적인 실험 ― 보고서, 이야기, 서사, 설명 ― 을 구축하는 것이다"(RS 184). 좋은 과학이란 결정하기보다는 실험한다. 좋은 해석도 같다.

독해는 에세이, 시도, 시험, 내기이다. 성공에 대한 보장은 없으며 모든 성공은 오직 부분적이다. "텍스트적 설명은 실험이 종종 그런 것처럼 실패할 수 있다"(RS 127). 좋은 텍스트는 직통선의 기반을 소외시키지 않으면서도 실행 가능한 직통선을 성공적으로 강조한다. "나는 좋은 설명이란 네트워크를 추적하는 설명이라고 정의하겠다. 나는 이 말로 각 참여자가 본격적인 매개자로 취급되는 행위들의 끈을 의미한다"(RS 128). 안 좋은 텍스트에서는 너무 많은 객체를 제쳐두고 지름길이 사용된다. "안 좋은 텍스트에서는 오직 소수의 행위자만이 다른 모든 행위자의 원인으로 지정되며, 이 소수의 행위자는 인과적 효과성의 흐름에 대한 배경 또는 중계기 역할로만 기능할 따름이다. 그것들은 등장인물로서 분주하게 지내기 위해 몸짓을 취할 수 있지만, 구성에서 맡은 역할이 없으므로 행위[연기]하지 않을 것이다"(RS 130). 텍스트의 효과성은 잘 맞추어진 초점의 정도와 충분한 광각 렌즈의 필요성 사이에서 균형을 맞추는 데 의존한다. 글쓰기 자체는 설득력이 있어야 하지만, 그것은 객체들을 말소하는 데서가 아니라 그것이 전경화하는 객체들의 전시로부터 설득력을 끌어내야 한다. 특히 안 좋게 쓰인 해석은 "안 좋은 글쓰기를 방해할 만큼 충분히 저항적인 행위자를 보고서에 불러들이지 않기 때문에" 안 좋다(RS 125).

좋은 독해와 마찬가지로 좋은 실험은 작은 연극이다. 실험실이 이 연극을 주관한다. 실험실은 평상시에는 분산되어 있는 행위자들의 무리가 결집하고, 포장되며, 정렬되는 장소이다. 기록 보관소에서 수행하든 수술실에서 수행하든, "연구는 인간과 비인간이 함께 삼키거나 견딜 수 있는 것에 관한 **집단적 실험**으로 보는 것이 가장 좋다"(PH 20). 이러한 의미에서 실험실은 객체들이 어떤 종류의 짜임을 기꺼이 비준할지 시험하기 위해 흔치 않은 수의 객체, 흔치 않게 다양한 규모, 흔치 않은 다양성을 모은 인공적으로 구성된 수렴 지점, 기차역, 전략 중추이다. "일반인들은 실험실 설정에 감탄하고, 올바르게 그렇게 한다. 그토록 구하기 힘든 그렇게 많은 자원이 그렇게 많은 수로 모여 있고, 그렇게 많은 층에 퇴적되어 있으며, 그렇게 대규모로 활용되는 곳은 태양 아래 많지 않다"(SA 93). 실험실은 해석자의 힘을 배가하는 지렛목이다. 야생 속에서는 구성하거나 전시하는 것이 불가능했던 짜임이 여기서는 가능해진다. 실험실, 역사학자의 폴더와 서류함, 유전학자의 샘플과 DNA 염기서열 분석기에서는 "힘의 비율이 역전되어 그 크기가 무한히 크든 무한히 작든 현상은 재번역되고 단순화된다"(PF 74). 실험실에서는 이렇게 추출된 직통선들을 비축해 두었다가 그것들을 놀랄 만한 결과를 보여줄 수 있는 새로운 객체로 회집할 수 있다.

과학자는 해석자와 마찬가지로 "자신이 흑백으로 기술하는 현상을 관중이 볼 수 있도록 극적이게 만들어진 실험을 창안했을 때" 성공한다(PF 85). 혼란스러웠던 것은 명료해진다. 저항적이었던 것은 이용 가능해진다. 비가시적이었던 것은 가시적이게 된다. 실험실은 이전에는 접근할 수 없었던 관점을 생산하기 때문에 이 작업에 필수적이다. "자신의 관점을 누군가와 '공유'하기 위해 '힘을' 가하려면, 실제로 새로운 진리의 연극을 창시해야 한다"(PF 86). 실험실·교실·사무실·교회는 진리의 극장이며, 이러한 극장은 그 자체로 객체이다. 여기서 객체는 관점이며, 새로운 객체를 회집하는 것은 새로운 관점을 설계하는 것이다.

또는 이렇게 말하는 편이 나을 것인데, 객체는 하나의 관점이 아니라 서로 중첩되지만 완전히 양립 가능하지는 않은 관점들의 집합이다. 인간 존재자를 포함한 어떤 객체도 결코 자신의 관점에 국한되지 않는데, 어떤 객체도 하나

의 관점에 불과하지 않기 때문이다. 라투르는 "하나의 입
각점을 보여주면, 거기서 벗어날 수 있는 24가지 방법을 보
여 주겠다"라고 말한다(RS 145). 만약 인간이 인간적 관점
에만 제한되었다면, 과학은 불가능할 것이다. 그러나 "인
간적" 관점이란 그 자체로 다원적이고 유동적이며 혼성적
인 것으로, 대체로 비인간적인 관점들의 무리에 의해 저항
받기도 하고 지탱되기도 한다. 인간적 관점은 비인간적 관
점으로 구성되어 있다. 라투르가 생각하기에 이것은 인간
적 관점에 대한 현상학적 접근법이 지닌 약점이다 : "현상
학은 인간-의식에-대한-세계만을 다루기 때문에" 인간으
로 있다는 것의 의미에 대한 핵심적 양상을 놓칠 위험이
있다(PH 9). "현상학은 우리가 스스로 보는 것으로부터 결
코 거리를 두지 못하는 방식, 우리가 머나먼 광경을 결코
바라보지 못하는 방식, 우리가 언제나 세계의 풍부하고 생
생한 질감에 몰입되어 있는 방식에 관해 많은 것을 가르쳐
줄 것이지만, 안타깝게도 이 지식은 사물이 실제로 어떠한
것인지를 설명하는 데는 아무런 소용이 없을 것이다. 왜냐
하면 우리가 인간 지향성의 좁은 초점에서 벗어날 수 없기
때문이다. 다른 입각점으로 옮겨갈 방법을 탐구하는 대신,

우리는 언제나 인간적 입각점에 고정될 것이다"(PH 9). 라투르의 설명에 따르면, 인간으로 있다는 것은 하나의 비인간적 입각점에서 다른 입각점으로 옮겨갈 수 있는 우리의 능력을 엄격하게 탐구할 수 있다는 것이다. 비인간적 입각점은 우리에게 저항할 수도 있지만, 언제나 이용 가능하다. 그리고 인간적 관점은 이용 가능할지도 모르지만, 언제나 우리에게 저항할 것이다. 이런 측면에서, 라투르는 많은 현상학자와 스스로 생각했던 것보다 더 완전히 일치할 수 있다. 후설 자신으로부터 하이데거, 메를로-퐁티, 레비나스, 데리다, 그리고 장-뤽 마리옹에 이르기까지 현상학의 역사 전체는, 현상학의 중심 임무가 인간의 존재 방식이 인간적 관점에 기반하거나 그것으로 제한되지 않는 방식을 입증하는 것이라는 소신에 의해 활성화되는 것으로 읽을 수 있다. 인간은 관점을 가질 수 있지만, " '관점을 가진다'는 것이 '국한되었다'는 것, 특히 '주관적'이라는 것을 의미한다고 생각하는 이유는 무엇인가?"(RS 145). 관점이 특히 그 두 요소를 의미한다고 생각할 이유는 없다.

실험실은 이러한 인간과 비인간 관점의 상호-양립 가능성을 활용하고 촉진하도록 설계되었다. 실험은 "비인간이 인간의 논의에 참여할 수 있게 하는 언어 **보철물**"을 창안한다(PN 67). 그 목적은 객체, 특히 비인간 객체가 스스로를 말할 수 있게 하는 것이다. "그렇지만 사실이 '스스로를' 말한다는 것은 무엇을 의미할까? 입자, 화석, 블랙홀이 중개자 없이, 어떤 조사도 없이, 기구도 없이, 요컨대 엄청나게 복잡하고 극도로 유약한 언어 보철물 없이 스스로를 말한다고 믿을 만큼 백의를 입은 실험자들은 정신이 나간 것이 아니다"(PN 67). 라투르에게는 심지어 객체의 현존조차 상호의존적 보철물의 유약한 복잡함에 의존한다. 그러나 "만약 사실이 스스로를 말한다고 선언할 만큼 미친 사람이 아무도 없다면, 백의를 입은 실험자들이 말 없는 사물들에 관한 말을 스스로 한다고 말하는 사람도 없다"(PN 67). 결국, 실험적 독해의 힘은 이러한 인간/비인간 혼선의 요소를 차이화하는 그것의 능력에 달린 것이 아니라, 누가 누구를 복화술을 사용해 말하는지 구분할 수 없는 무능함에 달려 있다. 진리의 연극에서 독해의 힘은 연기[수행가 얼마나 설득적이게 진행되느냐에 달려 있다.

31

과학과 종교

세계는 민주주의이며, 비환원의 원리는 모든 객체가 아침에 일어나면 작업을 하러 갈 것임을 보장한다. 유사하게, 그 원리는 모든 객체가 근본적으로 같은 종류의 작업에 종사하고 있음을 보장한다. 모든 객체는 저항적 이용 가능성의 은혜와 씨름해야 한다. 역사가가 기록물을 분류할 때, 하늘에서 비가 내릴 때, 해석자가 텍스트를 해석할 때, 과학자가 현미경을 들여다볼 때, 새가 날아갈 때, 석공이 벽돌을 쌓을 때, 식물이 태양을 향해 구부러질 때, 설교자가 설교를 준비할 때, 그들은 각각 같은 종류의 일을 하고 있다. 이 작업의 은혜는 의로운 자와 불의한 자 모두에게서 빛난다. 라투르에게 이 근본적인 동등함은 과학과 종교 사이의 차이를 말할 수 있는 틀을 구성한다.

라투르에 따르면, 과학과 종교는 모두 객체를 가시화하는 동일한 작업에 종사한다. 객체의 가시성은 주어진 시선과 관련하여 객체를 특징짓는 다양한 저항의 정도와 이용 가능성의 정도에 따라 달라진다. 이미지 개발은 객체의 저항과 이용 가능성 사이의 균형을 최적화하는 데 달려 있다. 너무 저항하거나 너무 이용 가능한 객체는 나타나는 데 실패할 것이다. 이용 불가능한 것과 묵종하는 것 모두 비가시성으로 향하는 경향이 있다. 앞의 경우에서, 객체는 너무 멀고, 너무 불투명하며, 너무 초월적이다. 두 번째 경우에서, 객체는 너무 가깝고, 너무 투명하며, 너무 내재적이다. 과학과 종교는 그것들이 두 가지 다른 종류의 비가시성을 다룬다는 점에서 다르다. 과학이 저항하지만 이용 가능성이 불충분한 객체를 밝히는 것을 목표로 한다면, 종교는 이용 가능하지만 저항이 불충분한 현상을 밝히는 것을 지향한다. 과학은 이용 불가능한 것에 대한 삼인칭 설명이다. 종교는 명백한 것에 대한 일인칭 현상학이다. 과학은 우리의 근시를 교정하고, 종교는 우리의 원시를 교정한다.

이 분배 방식을 기억하라. 라투르의 설명에 따를 때 종교의 장은 내재이고 과학의 수양은 초월이다.

이러한 분업은 상대적이고 조건을 지닌다. 그러나 이러한 작업 분배를 통해, 라투르는 이제는 종교를 방해하는 데만 기여할 따름인, 잔재하는 기대의 그물망에서 종교를 풀어내려고 한다. 그는 종교를 옹호하면서 다음과 같이 말한다. "나는 사실상 종교가 아니었던 것으로 판명된 무언가의 낡은 힘을 갈망하는 것이 아니라 모든 것의 혼합", 즉 정치학, 과학, 철학, 신화학, 심리학, 예술 등의 혼합을 갈망한다(TS 217). 종교는 왕족이라기보다는 세계에서 작용하는 객체들의 다수성과 관계를 맺고 그것을 기술하는 데 도움이 되는 여러 "다양한 유형의 진리 생성기" 또는 "발화 체제" 중 하나가 되는 것으로 충분하다(TF 28). 라투르의 독창성은 과학과 관련해서 종교의 책임을 능숙하게 재분배하는 데 있는 것이 아니라 좀 더 수수하지만 여전히 실행 가능한 종교의 역할을 식별하려는 그의 시도에 있다.

라투르에게 종교와 과학은 구별 가능한 교권을 가지고 있지만, 이러한 교권은 "중첩되지 않는" 것이 아니며, 더 비판적으로, 라투르는 일반적으로 할당된 분업이 우스꽝스럽다고 생각한다. "이 얼마나 오류의 희극인지! 과학과 종교 사이의 논쟁이 벌어질 때 형용사는 거의 정확히 뒤바뀐다. 저 너머의 비가시적 세계에 도달하고, 영적이며, 기적적이고, 영혼을 고양시키며, 희망을 준다고 말할 수 있는 것은 과학이다. 그리고 국소적이고, 객관적이며, 가시적이고, 평범하며, 기적적이지 않고, 반복적이며, 완강하고, 견고한 것으로 특정되어야 하는 것은 종교이다"(TF 36). 신중하게 구성되고, 세심하게 시험되며, 끊임없이 확장되는 참조 사슬의 유약한 다리를 구축하는 것은 과학의 작업이다. 어두운 저 너머를 더듬어 나가 우리를 머나먼 곳, 초월적인 것과의 관계로 인도하는 것은 과학이다. 기적적인 것을 후원하고, 반직관적인 것을 옹호하고, 믿을 수 없는 것을 발굴하고, 저항하고 이용 불가능한 것과 협상하는 것은 과학이다.

그런데 저항적이고 초월적인 것의 비가시성은 오직 한 종류의 비가시성일 따름이다. 이용 가능하고, 명백하며, 낯익고, 국소적이며, 반복적이고, 견고하며, 사실적인 현상의 비가시성은 여전히 남아 있다. 이 비가시성은 그 특징이 상당히 다르지만 마찬가지로 돌파하기 어렵다. "머나먼 곳 또한 가까운 곳만큼이나 낯설고, 닿기 어렵고, 비현실적이며, 그리고 덧붙이건대 비합리적이다"(WS 465). 모든 비가시성이 단일한 종류로 환원되고 단일한 시선을 통해 접근할 수 있다고 가정할 때 혼란이 초래된다. 특히 종교적 현상에 적합한 비가시성이 과학적 현상에 적합한 비가시성과 동일하다고 가정될 때 혼란이 발생한다.

나의 유비를 사용해 말해보자면, 라투르의 말을 따를 때 과학과 종교에 관한 우리의 일반적인 혼란은 다음과 같이 진행된다 : 과학은 우리의 근시를 교정하고 머나먼 초월적인 현상에 초점을 맞출 수 있는 신뢰할 수 있는 방법을 찾아내어 큰 박수를 받는다. 그러나 자신의 성공으로 가득 차 종교적 허세에 휩싸인 과학은 이웃에 관한 몇 가지 불쾌한 결론을 내릴 수밖에 없다. 과학은 종교에서 안경(우리의 원시를 교정하기 위한 안경)을 빌려 와 착용한 다음, 이 안경이 쓸모없다고 큰 소리로 불평한다. 이 렌즈를 통해 보자, 과학이 어렵게 얻은 모든 초월적 객체들이 갑자기 흐릿해지거나 완전히 사라졌다.

많은 종교인과 과학자 모두가 일반적으로 따르는 잘못된 가정이란, 종교적 이야기는 과학이 기술하는 초월적 객체를 다루지 않기 때문에 과학 자체가 기술하는 것보다 훨씬 더 멀고, 훨씬 더 초월적이며, 훨씬 더 기적적인 "비가시적인 믿음의 세계"를 언급해야 한다는 것이다(HI 433). 그 결과로 과학과 종교는 모두 궁지에 몰리게 된다. 과학자들은 초-초월적인 것에 관한 종교적 이야기가 터무니없다고 생각하며, 많은 종교인은 종교가 실제로 중요한 무언가를 환기할 수 있다는 점을 알면서도, 초-부조리함을 믿는 것으로 공공의 미덕을 세우는 것이 자신들의 실천이 가진 힘일 수밖에 없다고 느낀다. 이에 대한 응답으로 라투르는 "믿음은 지식이 과학의 캐리커처인 것처럼 종교의 캐리커처"라고 주장한다(TF 45). 이 캐리커처들은 모두 폐기되어야 한다. 종교가 마법의 믿음을 다루지 않는 것과 마찬가지로, 과학은 명백한 사실을 다루지 않는다. "이 두 '세계관' 사이의 싸움, 화해, 휴전은 칠흑 같은 터널에서 벌어지는 권투 경기만큼이나 교훈적이다"(WS 464).

과학과 종교 사이의 차이는 모호한 영적 문제에 적용되는 '믿음'과 직접적으로 관찰 가능한 사물에 적용되는 '지식'이라는 두 가지 다른 영역에 행사되는, 서로 다른 정신적 역량에서 발견될 것이 아니라, 두 가지 다른 방향으로 나아가는 두 개의 매개자 사슬에 적용되는 동일한, 광범위한 역량 집합에서 발견될 것이다. 첫 번째 사슬은 너무 멀고 반직관적이어서 직접적으로 포착하기 어려울 따름이기에 비가시적인 것, 즉 과학으로 이끈다. 그리고 두 번째 사슬인 종교적 사슬도 비가시적인 것으로 이끈다. 그러나 두 번째 사슬을 통해 도달하는 것은 그것이 숨겨져 있고, 암호화되어 있으며, 멀리 떨어져 있어서 비가시적인 것이 아니라 그저 갱신되기 어렵기에 비가시적인 것이다 (TF 46).

과학을 잘하는 데 필요한 역량과 종교를 잘하는 데 필요한 역량은 동일하다. 실천자는 인내, 겸손, 끈기, 호기심, 집중력, 관대함, 창의성, 치밀함, 배려, 그리고 물론 객관적 자세가 필요하다. 일반적으로 이해되는 것처럼 지식과 믿음은 과학이나 종교의 일을 기술하지 않는다. 과학과 종교는 모두 동일한 역량을 요구하며, 과학과 종교 모두 동일한 출력을 생산한다. 둘 다 드러냄revelation을 유도한다. 그러나 과학이 우리의 근시안을 교정하여 초월적 객체를 드러낸다면, 종교는 우리의 원시안을 교정하여 내재적 객체를 드러낸다.

32

믿음

종교는 객관적이다. 그것은 객체들로 만들어져 있고, 객체들에 의해 실천되며, 객체들을 드러내기 위해 실천된다. 객관적 특징과 멀어지면 종교는 우스꽝스러운 패러디를 수행한다. 라투르가 보기에, 종교를 "믿음"에 관한 것으로 생각하는 것만큼 이 씁쓸한 패러디에 힘을 실어주는 실수는 없다.

믿음은 종교적 관념이 아니다. 믿음은 종교를 활성화하는 너무나-내재적인 객체를 볼 수 없는 사람들이 종교에 부여한 임시방편적인 설명이다. "믿음이라는 개념은 정보-전달의 궤적을 종교적 매개자에게 투사하는 것이다"(HI 433). 종교의 멀고 초월적인 현상을 찾기 위해 과학의 렌즈를 사용하고 아무것도 발견하지 못하면, 종교는 틀림없이 환상일 것이라는 가정이 성립된다. 단 한 가지 종류의 비가시성이 존재한다는 전제를 고수한다면, 종교는 초-부재한 무언가를 믿는 것에 관한 것이라는 생각 외에 무슨 선택지가 있겠는가? 우리의 눈앞에서 종교적 믿음에 대한 비종교적 믿음이 탄생한다. "따라서 믿음에 대한 믿음은 시공간으로부터 멀리 떨어져 있지만 종착점이 없는 무언가에 접근한다는 것이 무엇인지 이해하기 위해 과학의 방법을 사용하는 자선적인 구성이다. 믿음은 근거 없는 지식의 모방이다"(TS 231). 빈곤한 자의 과학으로 여겨진 종교는 빈곤한 과학으로 밝혀진다. 라투르가 말하기를, "우리는 '믿음'이란 멀리 있는 것에 접근하기 위해 어떤 기구를 모방한 것이라고 생각할 수도 있겠지만, 정작 그러한 기구는 없다!"(WS 465). 종교는 실제로 초월적 객체를 보는 데 필요한 기구가 없다는 점을 제외하면 과학과 정확히 똑같다고 말해진다. 이는 종교가 전혀 과학과 같지 않다고 말하는 것이다.

라투르는 계속한다. "좀 더 논쟁적으로 말하자면, 과학적 네트워크에 몰입하여 다른 사람들이 무언가를 믿는다고 믿는 사람들만이 유일한 신자이다"(HI 433). 그렇게 파견된 종교는 완화되지 않은 환원주의의 술책에 빠지게 된다. 거기서 허용되지 않는 한 가지는 종교적 객체가 스스로를 대변하게 하는 것이다. 비판은 자신이 행하는 환원을 포함하는 것을 잊어버린다. "근대주의자와 포스트모더니스트는, 비판을 향한 그들의 모든 노력에도 불구하고, 그들이 속한 대담한 기업의 손댈 수 없는 중심인 믿음을 손대지 않고 남겨두었다. 그들은 믿음을 믿는다. 그들은 사람들이 소박하게 믿는다고 믿는다"(PH 275). 그 결과, 종교적 문제는 근본적으로 인식론적인 특징을 가진 것으로 그려지고, 믿음은 소박한 것으로서, 무비판적 수동성의 모델로 여겨진다.

라투르가 매우 반대하는, 자연과 우리의 믿음은 별개라는 전통적인 주장에 의해 객체로부터 분리된 종교는 사람들의 머릿속에 숨어 있거나 깊은 우주의 공허함 속으로 접혀 버릴 수밖에 없다.

종교(그리고 나는 여전히 기독교 신학과 의식에 의해 정제된 의미로 그 용어를 사용한다)는 자연과 그다지 잘 지내지 못했다. 자연이 들어오면, 종교는 떠나야 했다. 그리고 종교가 떠날 때, 그것은 영구히 떠나는 것이었는데, 왜냐하면 종교가 두 가지 동등하게 치명적인 출구 전략만 가지고 있기 때문이다. 그 출구 전략이란, 하나는 영혼의 내적 성소로 자신을 제한하는 것이고, 다른 하나는 초자연으로 달아나는 것이었다. 이 두 가지 해결책은 자연의 세계가 스스로에게 버려진다는 것을 의미한다. 첫 번째 해결책에서는 비체화된 인간 영혼은 계속 줄어들고 있는 영적 관심사를 돌보는 데 남겨질 것이다. 두 번째 출구는 종교가 멀리 있고 비가시적인 것에 접근하기 위해 정렬된 매우 효율적인 수단인 과학적 기구를 모방하려는 헛된 시도를 의미하기 때문에 훨씬 더 비생산적이다. (WS 465)

이러한 출구는 종교뿐만 아니라 과학에도 막다른 길이다. 라투르가 주장하기를, "종교에서 중요한 것은, 모든 신자가 언제나 주장해 왔듯이 사람들을 행위하게 만드는 것이라고 말하지 않는 이유는 무엇인가? 그것이 더 경험론적이고, 아마도 더 과학적이고, 더 존중적이며, 훨씬 더 경제적일 것이다"(RS 235). 종교적 객체를 "신자들의 정신이나 그들의 비옥한 상상 속으로 밀어 넣거나, 다소 도착적이고 비뚤어진 무의식 속에 더 깊숙이 박아 넣어야 한다고 주장할 필요는 없다. 왜 종교적 객체가 있던 곳, 즉 비인간의 다수성 속에 그대로 두지 않는가?"(PH 284). 종교적 현상이 과학적 분석에 의해 ─ 모든 객체가 그렇듯이 ─ 부분적으로 환원되기 쉬운 것은 의심할 여지 없이 참이지만, 이런 종류의 분석조차도 종교적 객체에 권한을 부여하지 않는 한 아무런 소용이 없을 것이다. 종교적 객체는 자신을 대변할 수 있도록 과학자와 종교인 양쪽에 의해 허용되어야 한다. 종교적 객체는 고유한 종교적 작업을 수행하는 행위자로 취급되어야 한다. 이 작업은 모든 작업과 마찬가지로 저항적 이용 가능성의 이중─구속과 씨름해야 하지만, 나름의 궤적을 가지고 있다. 라투르는 만약 자신이 종교적 객체를 "정보 전달의 무리한 획일화"로 몰아넣었다면, "나는 그것을 부조리한 믿음, 즉 종교를 짓누르고 과거 몽매주의의 쓰레기 더미로 미끄러지게 하는 종류의 믿음으로 역변시키고, 변신시켰을 것"이라고 말한다(TF 33). 이런 종류의 처분은, 종교적 객체의 행위성을 무시하려는 원래의 움직임이 지닌 부조리함을 제외하고는 아무것도 입증하지 않는다.

종교는 너무 멀리 있는 객체가 아니라 너무 가까운 객체를 비추는 것을 지향한다. 종교는 이미 이용 가능한 것을 현재화하는 작업이다. 종교적 서사는 우리를 머나먼 곳으로 인도하는 것이 아니라 이미 주어진 것의 가까움을 행화enact하기 위한 것이다. 이 가까움을 행화하는 것이 현재를 구하고 은혜를 드러내기 위한 열쇠이다. "두 연인의 역사 전체가 관계가 소원해진 어두운 순간에 서로에게 손을 뻗으며 사랑하라는 지시를 다시 행화할 수 있는 능력에 달린 것처럼, 그 이야기의 진리치는 오늘 밤 우리에게 달려 있다"(TF 33).

이러한 종류의 종교적 작업에는 어떤 최소한의 기구와 관행이 포함되지만, 이러한 기구와 관행은 과학의 것과 같지 않다. 종교적 기구는 유사하게 광범위한 역량 집합을 요구하지만, 과학의 기구와는 종류가 다르다. 라투르는 이미 주어진 것을 재행화하고, 받아들이며, 다시 현재화하는 이 작업을 "과정procession을 형성하는" 작업이라고 말한다. 종교적 객체는 과정을 거친다. 종교적 객체는 이용 가능한 것을 가시적으로 만든다. 천사처럼, 종교적 객체는 은혜의 자리에서 "진행"proceed하여 비가시적이지만 이용 가능한 그것의 현전으로 우리를 맞아들이고, 그렇게 함으로써 우리와 그 자신을 모두 구한다. 이런 의미에서, 라투르는 "나는 내가 기구instrument라고 부르는 것, 즉 네트워크를 정렬하고 유지하는 것과 대조해서 과정의 층을 쌓고 형성하는 것을 천사angel라고 부를 것"이라고 말한다(TS 225). 천사는 믿음의 문을 통과하지 않는다. 여기서 천사의 작업에는 믿음을 요구하는 부재한 종교적 객체가 없다. "종교는, 부재하는, 머나먼, 비가시적인 저 너머 사물에 대한 믿음으로 정의되어서는 안 되며, 그와 같이 정의된 적도 없다. 신은 믿음-행위의 객체가 아니다"(TS 231). 오히려, 종교는 전혀 다른 질서의 무언가를 요구한다. 그것은 이미 이용 가능한 것이 되어 있는 은혜에 **충실할** 것을 요구한다. 이러한 충실함만이 현전의 현재를 구할 수 있다. 종교적 작업은 물론 신앙에 의존하지만, "신앙과 믿음은 서로에게 들려줄 말이 없다"(TS 231).

33

성상 사랑

라투르의 주장은, 종교의 드러내는 힘을 이해하기 위해서는 종교적 객체가 스스로를 말할 수 있도록 허용해야 한다는 것이다. 이는 일축된 객체를 위한 공간을 마련하는 것이며, 그와 동시에 과학적 기대가 종교적 자기-이해로 역류하는 것을 저지한다는 것을 의미한다. 라투르는 종교적 객체를 일축하는 종교적 객체를 향한 과학적 접근의 성상파괴론iconoclasm과 종교적 객체를 동결시키는 종교적 해학의 우상숭배idolatry 사이에서 "성상 사랑"iconophilia을 지지한다. 성상 사랑은 종교적 객체에 대한 객체지향적 접근법으로, 너무 가깝고, 너무 내재적이며, 너무 이용 가능한 것을 가시적으로 만든다. 그것은 종교적 객체 자체가 드러냄의 표적인 동시에 드러내는 행위자가 될 수 있게 하는 접근법이다.

성상파괴론자와 우상숭배자는 모두 음모론자이다. 둘다 순수성과 소진적 환원을 향한 충동에 굴복한다. 둘다 매개 없는 세계를 꿈꾸지만, 그 결과로 작업 중인 실재적 객체를 가린다. 더 나아가, 둘다 저항적 이용 가능성의 이중-구속을 일축한다. 우상숭배자는 구성적이지만 부분적으로 양립 불가능한 객체들이 포장된 내부의 넘쳐흐르는 집합이 없는, 완벽하게 불투명한 객체를 꿈꾼다. 이런 방식으로 우상숭배자는 객체가 참조한다는 것을 부정하고 객체의 액면가로 객체를 환원한다. 이와 유사하게, 성상파괴론자는 완벽하게 투명한 객체를 꿈꾼다. 그 꿈은 그 뒤에 있는 "실재적" 객체를 역변시킴이 없이 깔끔한 효율성을 가지고 우리에게 전달하는 것이다. "성상파괴론자는 진리에 대한 무매개된 접근, 이미지의 완전한 부재를 꿈꾼다"(HI 421). 이런 방식으로 성상파괴론자는 객체를 그것의 현금 가치로 환원한다.

성상파괴론자는 먼저 종교적 객체를 마치 마찰력이 없는 기호처럼 취급한 다음, 그 기호가 참조하는 것으로 추정되는 초월적 객체를 찾을 수 없다고 선언함으로써 종교적 객체를 비워낸다. 이 설명에 따르면, 종교적 객체는 그 자체로는 행위자가 아니며, 다른 무언가를 나타내는 신호일 뿐이다. 그리고 이 다른 무언가가 행방불명이기 때문에, 종교적 객체는 공허한 신호이다. "성상파괴론자는 세계의 거주자들을 모두 표상으로 바꾸어 세계를 비우는 동시에 연속적인 기계론적 물질로 채울 수 있다"(PH 285). 성상파괴론자에게 종교적 객체는 달콤한 초콜릿 중심에 대한 약속이 없는 딱딱한 사탕 껍질, 공허한 껍데기일 따름이다. 성상파괴론자의 실망은 객체 일반에 관한 소박한 태도의 산물이다. 라투르가 주장하기를, "만약 성상파괴론자가 돌덩어리에 영혼을 부여할 만큼 소박한 신자들이 현존한다고 소박하게 믿을 수 있었다면, 그것은 성상파괴론자 또한 자신이 우상을 깨뜨리기 위해 채택한 바로 그 사실들이 인간 행위성의 도움 없이도 현존할 수 있다고 소박하게 믿었기 때문이다"(PH 274). 성상파괴론자들이 종교적 객체의 본성을 이해하지 못하는 것은 종교적 객체에 특이하게 종교적인 것이 있기 때문이 아니라, 그들이 객체 자체의 본성을 이해하지 못하기 때문이다.

종교에 대한 성상파괴론적 설명, 즉 종교가 어떤 초월적인 담보를 제공하겠다는 자신의 약속을 불이행한 것으로 간주하는 설명을 채택한 사람들은 여전히 종교에 대한 긍정적인 설명을 상징의 관점에서 만들어내려고 시도할 수 있다. 그들은 종교가 그 핵심에 있어 "상징적"이기 때문에 객체가 없더라도 상관이 없다고 말한다. 라투르는 이런 방향이 개선점이 될 수 없다고 생각한다. 그것은 여전히 종교를 종교의 현실적 객체로부터 끊어낸다. "상징적인 것은 세계를 잃은 자들의 마법이다. 그것은 그들이 사물들이 '오직' '자연적'이기만 할 수 없게 만드는, '객관적 사물들'에 '첨가적인' '영적 분위기'를 유지하기 위해 찾은 유일한 방법이다"(PF 187). 상징은 자연계의 벌거벗은 객체에 대한 미약한 보충제이다. 상징은 색깔을 바르기 위한 립스틱의 징조다. 그러나 이 보충제는 너무 늦게 오는데, 왜냐하면 일단 자연계의 벌거벗은 객체가 오면, 유실되는 것은 객체 자체의 생생한 특징이기 때문이다. "한편으로 환원하는 자들과 다른 한편으로 영혼의 보충을 원하는 자들 사이에는 차이가 없다. 두 무리는 같은 것이다. 그들은 모든 것을 아무것도 아닌 것으로 환원하면 나머지는 전부 그들에게서 벗어난다고 느낀다. 따라서 그들은 '상징'으로 그것을 붙잡으려 한다"(PF 187). 객체를 거부하면 종교는 치장된 미사여구, 화려한 상징, 진기한 가치의 큐레이션으로 만족해야 한다.

중세 형이상학의 낡은 언어와 과학적 기대의 잘못된 적용 사이에 갇힌 종교인들은 종종 종교적 실천에서 일어나는 일을 제대로 기술하지 못할 수 있다. 그러나 실천은 다른 이야기를 들려준다.

그들이 말할 때, 종교인들은 주객을 전도한다. 그러나 실천에서 그들은 상당히 다르게 행위한다. 그들은 프레스코화, 채색된 유리 창문, 기도와 예배는 신에게 다가가는 방식, 신의 먼 반영에 접근하는 방식일 따름이라고 주장한다. 그러나 그들은 신성한 힘의 초점을 만들기 위해 교회를 짓고 물체를 배열하는 것을 결코 멈추지 않았다. 신비주의자들은 지시자라고 말해지는 모든 요소가 폐기되면 남는 것은 끔찍한 무Nada의 밤뿐이라는 것을 잘 알고 있다. 순수하게 영적인 종교는 우리에게서 종교를 없앨 것이다. 글자를 죽이는 것은 황금알을 낳는 거위를 죽이는 것이다. (PF 213)

종교적 객체는 멀리 있는 원초적으로 초월적인 신을 수동적으로 반영하는 상징적 중개자가 아니다. 교회에서 일어나는 일은 드러냄의 경험, 현전과 은혜를 드러내는 것을 중심으로 이루어지지만, 초월적 객체는 시야로 전달되지 않는다. 관계에 저항하는 어떤 것도, 종교적 객체의 활동적 평범함에 기반한 종교적 실천으로 가시화되지 않는다. 허블 망원경이 하는 일을 사람과 프레스코화, 빵, 단단한 나무 의자의 수수한 배치로 수행하고, 이를 통해 심우주에 직통선을 놓을 수 있기를 기대하는 것은 꽤 실망스러운 일이다. 그러나 객체들의 이러한 수수한 배열이 무언가를 드러내는 힘이 없다고 생각하는 것은 종교적 현상을 완전히 놓치는 것이다. 종교적 실천은 과학적 실천처럼 우리를 멀리 보내지 않는다. 종교적 관습은 반대 방향으로 작용한다. 즉, 우리를 아래와 안으로 끌어당긴다. 그것은 이미 이용 가능했던 것의 비가시적 은혜를 드러낸다. 기도를 하는 것은 이국적인 장소로 날아가는 것이 아니라 진흙탕을 발가락으로 뭉개는 것과 같다.

모든 객체는 그 객체를 구성하는 다른 객체들의 유동적 현전을 반영하는 것이 아니라 그 객체들을 나르는 일종의 성상이다. 성상 사랑은 성상에 대한 인내 있는 간청을 통해 성상파괴와 우상숭배를 피한다. "성상 사랑은 이미지 자체가 아니라 이미지의 운동", 즉 "한 형태의 이미지에서 다른 형태로의 운동, 통과, 이행에 대한 존중이다"(HI 421). 성상 사랑은 객체들과 함께 머무르며 객체들의 작업이 만들어내는 은혜, 객체들의 이용 가능한 상태와 포장 상태의 은혜를 감내해내고자 하는 의향이다. 성상 사랑은 단순히 이용 가능한 직통선을 이용하는 것이 아니라, 그것에 대한 가까움을 행화한다.

34

신

은혜를 다수성으로 재분배함으로써, 라투르는 종교 또한 재분배했다. 현실적으로 이러한 움직임은 종교적 객체가 그동안 해 왔던 일을 명료하게 하고 강조하는 데 그칠 수 있다. 영과 은혜와 관용이 객체지향적 객석에 견고하게 자리 잡고 있다. 그러나 원리상으로는, 많은 사람은 라투르가 종교를 결국 처음부터 끝까지 스스로 활성화되는 것으로는 취급하지 못한다는 점에서 그를 부정적으로 볼 수 있다.

그러나 라투르는 복수우주의 편에 서서 손실을 줄이려고 한다. 그는 돌이킬 수 없다. 객체지향 형이상학의 바로 그 전제는 무로부터 세계를 창조한 전통적이고, 전능하며,

수난을 겪지 않고, 전적으로 초월적인 신의 가능성을 배제한다. 라투르의 견해에 따르면, 그러한 신은 종교적이든 세속적이든 모든 음모론적 환원주의의 표본이다. 신은, 만약 현존하고 있거나 현존할 것이라면, 신을 구성하는 객체들처럼 저항적 이용 가능성의 은혜를 겪는 객체, 다자 사이의 하나이다.

그렇다면 우리는 신을 어떻게 해야 할까? "화이트헤드의 결론은 불가피하다 : 만약 전능한 신이 더는 이해할 수 없는 것이라면 무력한powerless 신으로 대체되어야 한다. 실제로, 만약 신 자체가 종교적 이해에 대한 명백한 장애물이라면, 신은 죽은 것으로 선언되어야 한다"(TS 228). 라투르에게 이 선언에는 악의도 허무주의도 없다. 거기에는 사실의 문제와 깊은 종교적 실용주의가 있을 뿐이다. 라투르가 제안하기를, "바울이 할례가 더는 경건한 영혼의 상징이 아니라고 선언한 것과 똑같은 방식으로 신에 대한 믿음을 포기해야 한다"(TS 228). 바울은 할례를, 종교적 몸짓을 피하는 방법으로서가 아니라 종교적 몸짓을 반복하는 방법으로서 포기한 것이다. 종교적 실천과 기구는 중세 세계에 그랬던 것처럼 세속적 세계와 관련해서도 공명한다. 한쪽은 신에 대한 믿음을 당연한 것으로 여기고, 다른 한쪽은 그렇지 않지만, 둘 다 경쟁적 객체의 다수성이 끊임없이 그들에게 들이미는 가능화의 은혜와 씨름한다. 신에 대한 일상적 믿음이 종교를 더 쉽게 만든다고 생각하는 이유는 무엇인가? 일상적 불신이 종교를 더 어렵게 만든다고 생각하는 이유는 무엇인가? "종교의 메시지는 현시대의 세속적 무신론보다 이전 세기의 신에 대한 일상적 믿음 안에서 더 안락했던 적이 없다"(TS 228). 어느 쪽이든, 라투르의 주장은 종교는 소박하든 부조리하든 믿음에 관한 것이 결코 아니라는 것이다. 믿음belief은 유혹, 윤기 나는 효과 없는 미끼이다. 이와 대조적으로 신앙faith은 종교가 우리에게 권유하는 작업이다.

만약 종교적 실천의 목적이 너무 가까워서 보이지 않는 것의 가까움을 다시 행화하는 것이라면, 우리는 언제나 우리가 서 있는 일상적 땅에서 다시 시작해야 한다. 만약 이 땅이 세속적이라면, 그것은 당신이나 나의 잘못이 아니지만, 우리는 그것을 우리 자신의 게으름에 대한 핑계로 주장해서는 안 된다. "기독교인들이 이 시대의 지루함과 퇴폐decadence의 증거로 취하는 것은, 사실 그들이 조상들에 대한 번역을 추구하는 일을 스스로 게을리해 온 결과이다"(TS 228). 모든 곳에 번역이 있을 따름이다. 만약 현대 종교가 우리에게 마른 우물이나 화려하게 채색된 무덤을 너무 강하게 상기시킨다면, 이것은 우리가 살고 있는 시대의 잘못이 아니다. 이는 지금까지 수행되어 왔던 유일한 종류의 작업, 즉 전체 합의를 위에서부터 다시 반복·복사·번역·접합·정렬·이식·처리·협상하는 작업을 게을리해 온 결과이다. 종교는 유신론이나 무신론과 교차하여 작용한다. 라투르는 다음과 같이 묻는다. "우리는 언제쯤 정합적인 형태의 무신론을 향유할 수 있을까? 즉, 오늘날 종교에 관해 이야기하는 일반적인 방식이, 지나간 나날의 상식적인 강력한 신과 동일한 역할을 수행하는 상식적인 무신론을 통해서인 점을 받아들일 수 있게 되는 것은 언제일까?"(TS 232). 무신론은 종교적 작업에 대한 반론이 아니라 초대장이다.

신학자들은 강력하고 전지적이며 편재하는 창조주 신이 없고, 섭리도 없으며, 신은 현존하지 않는다고 (혹은 화이트헤드가 주장할 수 있었듯이 아직은 현존하지 않을 수 있다고) 말하기 위해 철저하게 세속화된 영이 제공하는 가공할 기회를 피할 것이 아니라 반대로 포용해야 할 것이다. 그리고 신학자들은, 그런 일상적인 말의 상식적인 특징들 속에서 그 표현을, 즉 종교의 힘을 보아야 한다. 그럴 때 종교는, 오늘날 우리에게 시장의 힘들이 그러하듯이 신을 문제적인 것으로 받아들이지 않았던 고대 사람들의 알기 쉬운 상식적 어휘를 사용해야만 했던 시절에 그러했듯이, 그때와 꼭 마찬가지로 새롭게 시작할 수 있을지 모른다. (TS 229)

종교적 연설의 힘은 명백한 것에 관해 솔직하게 말할 수 있는 능력에 달려있다. 종교는 우리에게 가장 흔한 객체의 가장 일상적인 특징을 다루고, 그 가까움의 어려운 은혜를 다시 가시화한다. 신은 언제나 스스로, 정통이 아니라 지극히 작은 것, 평범한 자, 일상적인 것, 저속한 것, 짓밟힌 것, 빈곤한 것의 종교적 중심성을 주장하였다. 그것들의 발이 새긴 흔적이 길을 표시한다.

35

진화

종교가 과학보다 과학을 더 잘하려고 할 때 문제가 생기는 것과 마찬가지로, 과학이 종교보다 종교를 더 잘하려고 할 때 문제가 생긴다. 이는 과학이 모든 사람을 만족시키는 것이자 모든 것의 혼합물, 모든 것에 대한 최종 선고로서의 종교라는 혼란스럽고 전통적인 관점을 흉내 낼 때 특히 그렇다.

종교에 대한 이 혼란스럽고 전통적인 취급은 과학을 위해 라투르가 싫어하는 안 좋은 환원주의의 모든 핵심적 특징의 모델을 제공했다. 과학은 그것이 객체를 다른 객체로 깔끔하고 완전하게 환원하여 설명하는 정도까지 신의 역할을 수행하므로, 그 지향점에서 근본적으로 "종교적인"

것으로 남는다. 설령 세속주의자나 무신론자를 자처하더라도 이런 종류의 환원주의는 여전히 종교적인데, 왜냐하면 "환원주의와 종교는 언제나 함께 가기 때문이다 : 종교적 종교, 정치적 종교, 과학적 종교처럼 말이다"(PF 190). 비환원의 원리는 이러한 실책을 방지하는 중요한 방법론적 안전장치이다. 그러나 이 원리가 공리적으로 부여하는 수수함이 없다면, 종교와 과학은 모두 객체들을 어떤 단일한 근원적인 거시적-힘으로 완전히 환원하는 매끄럽고 단순한 본래적-판타지ur-fantasy의 유혹에 빠지기 쉽다.

라투르는 진화를 사례로 든다. 종교인과 과학자는 진화의 문제에 관해 서로의 입장이 너무 멀리 떨어져 있기 때문이 아니라 매우 유사해서 서로 부딪히는 경향이 있다. 둘 다 진화의 현상을 외부의 거시적-힘의 노동으로 환원하는 경향이 있으며, 따라서 다수성의 작업에 대한 책임의 다수성을 빼앗아 간다. 라투르에 따르면 문제는 "신다윈주의자나 창조론자 모두 유기체가 스스로 자신의 의미를 구성한다는 급진적인 소식을 소화하지 못했다는 것이다"(WS 469). 그 결과, 살아있고 진화하는 유기체에는 결코 그 자체로 초점이 맞춰지지 않는다. 오히려, 유기체는 한편으로는 작용인이라는 대규모 힘의 맹목적이고 치명적인 조작에 의한 국소적 꼭두각시일 따름이거나, 다른 한편으로는 신이 설계한 목적인의 배려와 의도적 전개에 놀아나는 국소적 꼭두각시일 뿐이다. "하나는 뒤에서 작용하여 되는대로 최적화에 도달하는 맹목적 원인이고, 다른 하나는 미리 정의된 계획에 따라 유기체를 최적화로 이끄는 지성이다 : 그러나 그것들은 여전히 자신이 수행하는 일을 장악하는 두 명의 공학자이다. 시계공이었던 그것들은 여전히 시계공이다"(WS 469). 둘 다 유기체를 살아있게 하는 것을 놓친다.

확실히, 뒤편의 힘과 목적인 사이의 차이는 중요하지만, 이 차이는 두 논증에서 모두 개별 행위자로서의 유기체는 지워지고 대신 논쟁의 여지가 없는 필연성의 운반자로 변모한다는 사실과 비교하면 무색해진다. 각각의 유기체가 스스로를 유지, 영속화, 재생산할 때 직면하는 간극과 불연속성에 스며드는 창조성은 사라졌다. 맹목적이거나 지적인 시계공 없이, 최적화 없이, 계획 없이, (목적인이든 작용인이든) 원인 없이, (종교적이든 이성적이든) 어떤 종류의 섭리 없이, 각각의 개별 유기체가 재생산이라는 아찔한 부담에 직면해야 한다는, 다윈의 발견에서 매우 급진적이었던 점은 과학과 종교 간의 싸움에서 철저히 상실되었다. (WS 469)

이런 의미에서, 다윈의 발견이 지닌 힘은 결국 양 진영에 의해 흡수되고 효과 없이 뿔뿔이 흩어지게 된다. 과학과 종교 모두, 특히 서로를 비난하는 혼란 속에서, 다윈의 연구가 생명 자체의 전개에 대해 가시적으로 만든 것, 즉 다수성의 우선성·유동성·다양성·충분성·비환원성에 대한 드러냄을 놓칠 위험에 처한다. 여기서 진화는 개별 유기체가 스스로를 지속적으로 수행, 반복, 재생산하는 방식에서 비롯된 연쇄적인 부산물로서 개화한다. 객체의 특징은 "진화 생물학자들의 눈에는 불가피하게 명백했다. 여기서 수십억 개의 존재자는, 논쟁의 여지가 없는 필연성의 운송으로는 감당할 수 없는, 시간과 혈통에서의 불연속성과 간극을 건너며 반복의 위험을 겪는다. 그것들은 분명 수많은 원인과 수많은 결과에 직면하지만, 모든 지점에는 거기에 개입하는 수많은 독창성이 있으므로 원인과 결과는 서로 잘 일치하지 않게 된다. 창조성은 모든 시점에 스며들어 자연주의자들의 눈에 들어왔다"(WS 468). 다윈은 객체의 세계를 움직이게 하는 넘치는 창조성을 계열체적인 방식으로 드러냈다. 다윈은 객체들 자체의 한가운데서 세계적 수준의 과학을 수행하였고, 멀고 어려운 것을 가시화하고 이용 가능하게 만들었다. 다윈의 과학과 동일한 노동 분야에 충실하기 위해서는, 과학은 종교조차도 그렇지 않은 방식으로 종교적으로 되는 것을 피해야 한다.

약간의 수정을 거쳐 종교에 관해서도 같은 것을 말할 수 있다. 만약 종교가 언제나처럼 진화를 반대하거나, 제한하거나, 흡수하기보다는, 진화가 현대 세계에서 일상적이고 상식적인 대화 방식이라는 것을 인정하고 다시 시작한다면 어떨까? 라투르가 묻기를, "만일 지금, 종교가 다시 무대로 소환되어 (영구히 사라진) 자연을 조우하는 것이 아니라 스스로를 유지하고 영속시키는 위험한 사업에 착수하는 존재자들로 구성된 세계를 조우한다면 어떻게 될까?"(WS 467). 만일 종교가 이 토착적 행위성을 당연히 여기게 된다면 어떻게 될까? 그 결과는 객체지향 신학이 될 것이다. 그렇다면 그에 이어 생물학자들이 객체지향 신학을 조우했더라면 어떻게 되었을까? "생물학자들이 진화가 거짓된 초월, (맹목적이든 지적이든) 설계자의 거짓된 영성으로 재포장되는 것을 막는 데 도움이 되는 종교를 만났다면 어떻게 되었을까?"(WS 470). 라투르에게 "종교는 진화(또는 더 일반적으로 재생산)를 어떤 강탈(그리고 최상의 의미나 최적화를 향한 추구)로부터 보호하는 최선의 방법이 될 수 있었을 것"이 명백하다(WS 470). 종교와 과학은 협력하여 이러한 음모론을 잠재울 수 있었을 것이다. 이러한 시나리오가 주어졌더라면, 다윈과 그의 아내는 모두 더 편히 잠들 수 있었을지도 모른다.

36

도덕

종교적 객체를 공허하거나 생기 없는 것으로 치부하면 종교는 약해진다. 객체가 없으면 종교적 실천과 기구는 구원의 힘을 잃는다. 그러나 객체지향 신학에서 이 상실은 인간뿐만 아니라 비인간에 대해서도 귀결을 가진다. 인간은 은혜가 있어야 하는 유일한 존재자가 아니다. "모든 일은 마치, 시간에 걸쳐 더 앞으로 멀리 나아갈수록 교회가 인간만을, 나아가서는 인간 속 인간의 비체화된 영혼만을 구하기 위해 더 많이 체념한 것처럼 일어난다"(WS 463). 그러나 은혜는 반대 방향에 놓여 있다. 객체에 관한 한, 우리의 구원은 서로 얽혀 있다. 객체들 없이는 우리도 구원받을 수 없고, 우리 없이는 객체들도 구원받을 수 없다. 종교는 우리가 비인간 객체에 의해 구원받는 것을 포함하며, 우리가 비인간 객체를 구원하는 것에 의존한다. "세계를 잃는다면 영혼을 구원하는 일에 무슨 소용이 있다는 말인가?"(WS 463).

라투르는 이러한 상호의존성의 확산을 도덕의 시작이자 끝으로 본다. 이러한 상호의존성에 의해 불안정해진 도덕은 객체를 수단으로 환원하는 것에 대한 의구심을 배양한다. 도덕성을 갖춘 종교는 의심을 적극적으로 배양해야한다. "우리는 도덕성을 수단과 목적 사이의 적절한 관계에 관한 불확실성으로 정의할 수 있다"(PN 155). 라투르는 기꺼이, 이러한 접근법을 " '인간을 그저 수단으로서가 아니라 언제나 목적으로도 대하라'는 의무에 대한 칸트의 유명한 정의 ― 우리가 이 정의를 비인간으로까지 연장하고자 한다면 ― 의" 연장선으로 보고자 한다(PN 155). 만약 비인간이 꼭두각시가 아닌 행위자로 인식된다면, 이러한 연장선은 피하기 어렵다. 인간이든 비인간이든 객체로 있다는 것은 언제나 수단인 동시에 목적으로 있다는 것이다. 객체들은 상호 부여의 생태계이다. 라투르의 설명에 따르면, 이것이 생태 위기가 "수단들의 일반화된 반란으로 나타나는 이유이다 : 고래,

강, 기후, 지렁이, 나무, 송아지, 소, 돼지, 새끼 새 등 어떤 존재자도 더는 '단순히 수단으로' 취급받는 데 동의하지 않고 '언제나 목적으로도' 대접받기를 주장한다"(PN 155~156).

라투르에게 도덕성은 본질적으로 절차적인 것이다. 세계는 사전에 정형화되어 있지 않으며, 그 결과 경쟁적이고 중첩되며 완전히 양립 가능하지는 않은 다수성의 주장들을 잠정적으로 화해시키는 것 이상은 불가능하다. 최종적 결의안이 없기에, 도덕성은 어떤 합의도 궁극적인 것으로 취급되는 것을 막는 사업이다. 또는, 도덕성은 언제나 최신의 접합 사슬에 객체를 하나 더 추가하는 사업이다. "정치에서 보이는 모든 '우리가 원하는 것'에 대해 도덕주의자는 '좋아요, 하지만 그들이 원하는 것은 무엇인가요?'라고 덧붙일 것이다"(PN 158). 도덕성은 모든 다방향 합의에 원칙적으로 이러한 의심을 추가하는 것이다. "도덕주의자들 덕분에, 모든 집합에는 그것을 떠도는 보완적인 상대가 있고, 모든 집단에는 우려가 있으며, 모든 내부에는 그것을 설계한 술책을 상기시키는 것이 있다"(PN 160). 가장 직접적으로 관련된 객체들이 합의에 국소적으로 동의하든 그렇지 않든, 도덕성은 모든 것을 다시 합산할 것을 요구한다. 도덕성은 "표상이라는 과업의 완강하고, 끊임없고, 압도적이며, 진을 빼는 재개이다"(WL 153).

도덕성은 비환원의 원리 자체가 부여하는 "다시!"이다. 이런 의미에서 "도덕성은 처음부터 사물들에 새겨져 있었고, 덕분에 우리는 그것들에 의무를 지우고자 의무를 졌다"(MT 258). 이러한 도덕적 의무는 객체들의 끊임없는 일상적 주고받기에서 직접적으로 비롯되며, 없앨 수도, 거부할 수도 없다. 비인간은 도덕적 고려에서 배제될 수 없는데, 도덕성이 그 자체로 특별히 인간적인 것이 아니기 때문이다. "도덕성은 자기 자신과 우주를 장악할 이미 구성된 인간에게서 비롯된다는 의미에서는 기술만큼 인간적일 따름이다. 우리는 도덕이 세계를 횡단하며 기술처럼 그 자신의 여파로 인간성의 형태, 주체성의 선택, 객체화의 양태, 다양한 유형의 애착을 초래한다고 말하자"(MT 254). 잠정적 합의로서의 도덕은 관습적인 약속일 수 있지만, 그 약속에 의존하는 관습은 항상 인간과 비인간을 모두 인정한다. 사실과 마찬가지로 도덕은 인간과 비인간 객체를 모두 참석시킬 수 없다면 가식일 따름이다. 다른 종류의 객체와 마찬가지로, 도덕적 합의의 힘과 내구성은 그것에 맞추어 정렬된 객체들의 양과 다양성에 정비례한다. "가치에 대한 논쟁이 일어날 때마다, 관련 당사자의 수와 논의에 참여하는 이해관계자의 범위는 언제나 확장된다"(PN 106). 도덕주의자의 만트라mantra는 이것이다 : 의심하고, 확장하며, 상담하고, 합의하라 — 다시 한번 말이다.

　"'비활성 객체에 영혼이 있느냐고 묻는다면 어떨까?' 아마도 없겠지만, 정치에는 분명히 있다"(PN 87). 어느 쪽이든, 후자는 비활성 객체들을 우리의 구원과 연관시키기에 충분하다.

37

은혜의 두 얼굴

종교는 우리의 원시를 교정한다. 종교는 일반적으로 너무 낯익고, 너무 이용 가능하며, 너무 내재적이어서 눈에 보이지 않는 객체의 비가시성을 다룬다. 이를 위해 종교는 의도적으로 근시를 배양한다. 종교는 작업과 고난을 모두 은혜로 바라보기 위해 근시를 실천한다. 구원은 이 드러냄에 주목한다.

비환원의 원리는 저항적 이용 가능성을 보장하고 매끄러운 형이상학을 금지한다. 전통적인 신의 유일무이한 초월이 없다면, 은혜는 용해되는 것이 아니라 분산된다. 객체 지향적 은혜는 서로를 지원하는 초월들, 저항들, 이용 가능성들의 끝을 헤아릴 수 없는 다수성에 의해 조장된다.

여기서 은혜는 객체를 객체 자신에게 주기도 하고 타자에게 나누어 주기도 하는 저항적 이용 가능성의 이중-구속이다. 혹은 더 정확하게 말하자면, 은혜는 객체가 자신을 타자에게 나누어 줌으로써 스스로에게 주는 것이다. 만약 저항적인 객체가 이용 가능하기도 하지 않다면 은혜는 없으며, 반대로 이용 가능한 객체가 저항적이기도 하지 않으면 은혜는 없다. 이중으로 묶인 은혜에는 두 가지 얼굴이 있다. 한편으로, 은혜는 다수성의 저항 때문에 요구되는 끊임없는 작업으로 현현한다. 다른 한편으로, 은혜는 우리의 수난 가능성에 의해 부여되는 불가피한 고난으로 현현한다. 작업은 저항의 관점에서 바라본 은혜이다. 고난은 이용 가능성의 관점에서 바라본 은혜이다. 지옥은 어느 한쪽의 은혜가 시야에서 사라지는 지점이다. 작업과 고난은 은혜의 두 얼굴이다.

이 설명에 따르면, 죄는 은혜에 대한 거부이다. 그것은 이 이중-구속에 대한 거부이다. 그것은 떠나고 싶은 욕망, 협상의 필연성과 완전히 단절하고 타자들이 부여하는 요구로부터 궁극적으로 자유로워지고 싶은 욕망이다. 죄는 저항의 은혜와 이용 가능성의 은혜를 모두 거부한다. 죄는 작업이나 고난을, 스스로 그러한 객체를 함께 구성하는 선물로 보지 못한다. 죄는 자신이 통제할 수 없는 은혜에 의존하기를 원하지 않으며, 자신이 요청하지 않은 은혜에 의해 침해되기를 원하지 않는다. 죄는 주어진 것이, 주어진 것이 아닌 다른 것이 되기를 바란다.

종교의 사업은 "실망시키는 것, 무엇보다도 실망시키는 것이다"(TF 32). 종교는 가장 일상적인 객체의 가장 일상적인 특징에 우리의 주의를 다시 집중시킴으로써, 이러한 떠나고 싶은 욕망을 의도적으로, 끈질기게, 체계적으로 실망시키는 것을 지향한다. 그것의 일은 은혜의 이중-구속과 단절되기를 원하는 우리의 욕망을 드러냄으로써 우리를 멈춰 세우는 것이다. 이러한 충동을 실망시키는 것, "그것을 전환시키고, 깨뜨리며, 전복하고, 불가능하게 만드는 것, 그것이 바로 종교적 연설이 좇는 것이다"(TF 32). 습관적으로 우리는 거친 가장자리를 매끄럽게 처리하고, 양립 불가능한 선들을 경시하며, 블랙박스의 상대적 이용 가능성이 내부에 포장된 혼란스러운 무리가 아닌 다른 무언가에 달려 있다고 판타지화한다. 죄는 텅 빈 블랙박스, 상대적이기보다는 절대적이고, 잠정적이기보다는 영구적인 블랙박스에 대한 꿈이다. 죄는 은혜를 모호하게 하려고 블랙박스에 의해 부여된 모호함의 용도를 바꾼다. 이런 방식으로, 죄는 실체가 의존하는 습관만큼이나 자연스럽다. 그러나 종교적 실천에서는 "관객의 습관적 시선을 깨기 위해 엄청난 통증이 수반된다"(TF 39). 작업과 고난을 후회스러운 것이 아닌 다른 무언가로 보여주기 위해 큰 노력이 기울여진다. "이 전통에서 종교는 떠나고, 무시하며, 무심해지고, 무덤덤해지며, 지루해지려는 의지를 체계적으로 깨뜨려 끊임없이 주의를 돌리기 위해 모든 일을 한다"(TF 36).

이 정의를 기억하라 : 종교는 떠나려는 우리의 의지를 꺾는 것이다.

라투르가 말하듯이, 그 비결은 "보이지 않는 다른 세계를 그릴 따름인 것이 아니라, 보이는 것에 대한 실망감을 그리는 것이다"(TF 40). 모호한 무언가를 밝혀야 하지만, 문제의 모호함은 멀리 있는 저항적이면서 초월적인 것에 적합한 종류의 모호함이 아니다. 오히려, 종교는 우리가 추정했던 것과는 달리 명백한 것을 드러내기를 지향한다. 종교에서, "숨겨져 있는 것은 첫 번째 메시지 아래에 있는 어떤 심오하고 난해한 메시지가 아니라 당신 즉 관객에게, 주의를 돌려 죽은 자에게서 벗어나 산 자에게로 돌아가라는 명령, 어조이다"(TF 42). 삶과 구원은 이 새로운 어조의 드러냄에 달려 있다. 세계의 가구들이 어떻게 배치되더라도, 세계의 객체들은 발효를 멈추지 않을 것이며 작업과 고난의 이중-구속은 여전히 유효한 채로 남을 것이다. 그러나 이 이중-구속과 우리가 맺는 관계에 대한 어조는 바뀔 수 있다. 죄가 후회하는 것을, 감사gratitude는 은혜의 실체로 드러낼 수 있다. "종교적 연설에는 숨겨진 것도, 암호화된 것도, 심오하고 난해한 것도, 이상한 것도 없다. 그것은 행화하기 어려울 따름이고, 조금 오묘할 따름이다. 그것은 연습이 필요하고, 세심한 돌봄이 요구되며, 말하는 자를 구할 수도 있다"(TF 34). 일상적인 것을 이미 주어진 은혜로서, 이미 살아진 삶으로서 드러내는 일은 어떤 특별한 것이 아니다. 그것은 반드시 행화해야 하는 것이다. 그것은 반드시 실천되어야 하는 드러냄이다. 주의는 발휘하기 어려운데, 주의는 집중에 저항하고 산만함을 위해 이용 가능하기 때문이다. 그것은 조금 오묘하고 세심한 돌봄을 요구한다. 종교는 도피가 아닌 주목을 실천한다. 종교는 우리의 주의를 이미 우리를 지탱하고 있는 땅으로 다시 향하게 한다.

이중-구속된 객체들의 세계를 버리려고 노력하는 죄는 빈곤함으로 끝난다. 환원을 향한 그것의 충동은 가장 공허한 껍데기를 제외한 모든 것을 가려내는 것으로 끝난다. 그것은 자급자족을 가장하기 위해 고립성을 제조한다. 죄는 타자의 저항과 자신의 이용 가능성을 모두 금지하려고 시도한 다음, 자신의 빈곤함에 놀라움을 금치 못한다. 그러나 "그 어떤 것도, 심지어 인간조차도, 스스로에 의한 것이자 스스로를 위한 것이 아니라 언제나 다른 것들에 의한 것이자 다른 것들을 위해 있다"(MT 256). 종교는 주의를 실천함으로써 세계를 다시 채운다. 일상의 평범한 아수라장 속에서, 그것은 가장 단순한 몸짓에도 얼마나 많은 객체의 협력이 필요한지를 다시금 깨닫게 해준다. 종교는 일상적인 것을 좀 더 어렵게 만든다. 심지어는 호흡과 같은 일상적인 자동적 행위에 주목할 때, "우리는 행위를 더 많은 행위자에게 귀속시키고 재분배하는 법을 배워야 한다"(PH 180). 한 번의 호흡에 얼마나 많은 구별 가능한 객체가 얼마나 많은 중첩되는 규모에서 작업하고 있는가? 책임을 재분배하는 것은 세계에서 작용하고 있는 은혜를 드러내는 데 핵심적이다. 눈에 보이는 은혜의 풍성함은 재분배된 행위성의 양에 비례한다. 종교에서 우리의 빈곤함은 "물질적 경험에서 벗어난다고 해서 극복되는 것이 아니다 … 오히려 물질이 제공하는 훨씬 더 다채로운 삶에 더 가까이 다가갈 때 극복된다"(RS 111~112). 종교는 우리가 그 안에 스스로를 가둔 반짝이는 블랙박스를 열어젖힘으로써, 떠나려는 우리의 의지를 꺾는 쇠 지렛대이다. 우리를 구성하는 객체들과 더 근본적으로는 우리를 묶는 이중-구속의 본성을 탐구하면 고난이 은혜로 승화될 수 있다. 고난을 겪은 것은 구원받고, 잃어버린 것은 발견되며, 눈이 멀었던 것은 볼 수 있게 된다.

38

영

종교가 객체지향 플랫폼에 이식된 후에도 종교는 여전히 우리 안에 있으면서도 동시에 우리보다 더 많은 것을 드러내기에 적합하다고 말할 수 있다. 종교는 우리에게 블랙박스를 열라고 압박한다. 그것은 투명하게 이용 가능한 평범한 객체를 덜 투명하게 만들도록 우리를 압박하며, 그렇게 함으로써 너무 일상적이라 전형적으로 시야를 벗어나는 구성적 조작, 정렬, 접합에 빛을 비춘다. 이 솟구치고, 내밀하며 반투명한 객체들의 바다는 전통적으로 영Spirit이라고 불린다. 우리는 다시 태어나야만 영을 볼 수 있다.

라투르가 말하기를, 주체가 객체를 구성하는 방식에 관해서 우리는 "수백 가지의 신화"를 가지고 있지만 "이야기의 다른 측면, 즉 객체가 주체를 구성하는 방식에 관해서 이야기하는 것은 아무것도 가지고 있지 않다"(WM 82). 이러한 새로운 신화를 명시적으로 회집하는 것은 객체지향 신학의 일이며, 현장의 일인칭 시점으로 말하자면 일상적인 종교의 지속적인 실천이다. 은혜를 보여주고 영을 드러내는 것은 이전에는 그저 포장되어 있었던 이 소재를 전경에 배치하는 데 달려 있다. 또는 라투르가 말하는 것처럼 "종교에 관해 언제나 해당하는 것이 있다 : '살로 돌아가라'"(TS 232). 영은 살의 내밀한 우회로를 가로지른다. 그것을 추적하기 위해, 종교적 실천가는 인내 있고 신앙심 깊게 묻는다 : 무엇이 나의 살을 구성하는가? 어떤 정동, 감각, 감정, 사유, 순환이 그 살을 혼잡하게 하는가? 어떤 호흡, 어떤 피, 어떤 담즙, 어떤 신경이 그 살을 움직이게 하는가? 이에 대한 응답으로 영은 객체들로 넘쳐나는 주체를 보여준다. "내가 주장하고자 하는 것은," 라투르가 말하기를, "종교가 ─ 다시 말하지만, 나의 전통에서 종교가 ─ 사물에 대해 말하는 것이 아니라 사물로부터 말한다는 것이다"(TF 29). 종교는 어조의 이러한 변화를 유도한다.

주체성은 블랙박스이다. 그 행위성의 출력은 실재적이

지만 빌려 온 것이다. 사실, 그것의 행위성이 실재적인 것은 빌린 것이기 때문이다. 주체가 어디든 도달하려면 주체를 구성하는 객체들로부터 유래하는 가능화 압력enabling push이 필요하다. 이 가능화 압력은 주체성을 촉진할 수 있지만 박탈할 수도 있다. 이 압박의 은혜는 불가피하게 자아를 탈중심화한다. 주체는 자신을 구성하는 객체들에 의해 자신과 일치하지 않을 때만 자신에게 주어진다. 자신의 본성을 좇아 발버둥 치는 주체는 자신을 잃어야만 자신을 찾는다.

실망에 훈련된 종교는 상실의 실천이다. 종교는 초-자아super-ego의 요구에 순종적으로 일치하는 것이 아니라 인내심과 연민으로 주체의 저-자아under-ego를 풀어내는 작업이다. 라투르는 "전통의 초-자아에 우리는 저-자아를 추가할 수 있을 것"이라고 제시한다(MT 253~254). 영은 저-자아 속에서, 배꼽 뒤의 물질적 포장 속에서, 횡격막 안쪽에서, 어깨뼈 사이에서, 뼛속에 잠겨 있는 불처럼 현현한다. 종교는 조사한다 : 이 중에서 가장 가까운 것은 무엇인가? 그리고 그것에 주의한다. 종교는 묻는다. 지금 이 주체의 형태를 가로지르며 구성하고 있는 객체들의 무리들, 정교한 공작들, 오직 부분적으로만 양립 가능한 행위성들은 무엇인가? 라투르는 "어떤 원시적 내부성을 부여받은 주체"라는 개념으로 시작하지 말고, "익명의 포괄적 신체가 어떻게 인격으로 만들어지는지를 경험론적으로 관찰하라"라고 조언한다(RS 208).

영을 드러내는 데 진전을 이루기 위해 "의도성을 가지고, 합리적으로 계산하며, 자신의 죄에 대해 책임을 느끼거나, 자신의 필멸하는 영혼에 대해 고뇌하는 '완전한' 인간을 상상할 필요가 없다. 오히려, '완전한' 인간 행위자를 얻으려면 여러 겹의 연쇄적인 층으로 구성해야 한다는 것을 깨닫게 된다"(RS 207). 주체는 다른 모든 객체와 마찬가지로 층을 이루고, 단계로 되어 있으며, 포개지고 정렬된다. 고정되지 않았지만 서로 맞물려 있는 단계들은 다양한 객체와 행위성으로부터 함께 구성된다. 주체는 살 외에도 "법·정치·자아의 서사·저자성authorship·무의식·신분증·생리적 지식 등 수많은 층위로 이루어져 있음이 명백하며, 어떤 형태의 생명체도 무로부터 그것을 창조해 낼 수 없다"(TS 233). 주체는 그것이 발생하는 한 은혜다. 특히 주체의 은혜, 인간의 은혜는 "형상들에 자신을 위임하고, 형상들을 넘기고, 형상들을 발송하고, 형상들을 지속적으로 교환하는 데 있다. 물론 그것은 사물이 아니지만, 사물 또한 사물이 아니다"(WM 138). 이런 의미에서 "주체성은 인간 영혼의 특성이 아니라 회합 자체의 특성이다"(RS 218).

"주체에게 주어지지 않은 것은 주체와 관련되지 않는다"라는 점은 참이지만, 주체는 그것을 구성하는 객체들로 완전히 환원될 수는 없다(RS 213). 주체가 저항하는 통과, 발송, 교환은 단순한 환원이다. 주체는 행위자로서 그자체로 개체이다. 라투르가 묻기를, "나는 내 심장 깊숙이, 내 뇌의 소용돌이 속에서, 내 영혼의 내적 성소에서, 내 영의 생동감 속에서 '개체'가 아닌가? 물론 나는 개체지만, 내가 개체화되고, 영화되고, 내부화되는 한에서만 그렇다"(RS 212). 주체는 개체지만, 개체화 과정이 존속되는 한에서만 그렇다. 영이 나타나기 위해서는 주체가 일인칭으로 유약하고 상호의존적이며 개방적인 과정들의 합성체로서 스스로에게 드러나야 한다. 구원은 드러냄에 달려 있다. 결국 주체, 인격, 개체 등은 "주체화하는 자subjectifier, 인격화하는 자personalizer, 개체화하는 자individualizer"의 잠정적 부산물로 보아야 한다(RS 207). 이 임시적이고 끝이 없는 상호의존적 작업을 그저 애석한 일로 일로 간주하고 싶은 유혹이 있다. 유약성과 이용 가능성을 직면할 때, 그것을 자르고 도망가는 것은 매우 유혹적이다. 그러나 통과, 발송, 순환의 약함은 떠나지 않으려는 우리의 의지에 비추어 볼 때만 은혜로 나타난다. 일상적인 것에 대한 무심함을 버리고 주의를 회합하는 종교는 해방의 실체로서의, 우리의 이중-구속을 드러낸다. 은혜를 위해 "오직 한 가지 해결책이 있다 : 은혜의 내부를 채우는 모든 존재자가 '주체성을 제한하는' 부정적인 제약이 아니라 주체화라는 긍정적인 제안으로서 외부로부터 오게 하는 것이다"(RS 212~213). 주체는, 자신에게 부여된 제한이 무엇이든, 자신의 제약을 은혜와 해방으로 승화시킬 수 있다. 이것이 바로 십자가의 메시지이다 : 구원은 상실의 실천, 잃어버리는 예술로서 펼쳐진다. 십자가는 구원을 향한 가장 내밀한 우회로이다.

39

기도

객체들은 우리를 가로질러 순환한다. 주체는 주체를 가로질러 통과하는 객체들을 주관하는 구역, 통과 지점, 중계국, 중간 거주지이다. 몇몇 객체는 고체이고 몇몇 객체는 액체이다. 몇몇 객체는 언어이고, 몇몇은 관념 혹은 이미지 혹은 감각 혹은 욕망이다. 몇몇 객체는 지나갈 따름이고, 몇몇은 얼마간 머무르기도 한다. 몇몇은 표시를 남기고 몇몇은 남기지 않는다. 기도는 이러한 순환을 염두에 둔다. 도망치기보다는 왔다 갔다 하는 이중-구속에 아멘을 외친다. 기도를 통해 떠나고자 하는 당신의 의지는 꺾인다. 그 대신 당신은, 당신이 알아챈 은혜를 연민하고 주의하는 정적 속에서 안식을 얻는다. 기도를 실천하면 일상적인 객체들의 순환이 영으로서 초점이 맞춰진다.

영은 주체성의 매듭을 풀고 기도는 자아를 분산시킨다. 당신은 당신이 생각했던 것보다 더 많고, 그리고 더 작다. 당신을 구성하는 객체, 당신의 갈비뼈를 휘감는 욕망, 당신의 뺨을 붉게 물들이는 감정, 당신의 뇌를 돌고 도는 사고는 당신이기도 하고 당신이 아니기도 하다. 심지어 당신의 "인지 능력조차도 '당신'에게 있지 않고 형성된 설정 전체에 분산되어 있으며, 이는 국소화하는 자^{localizer}뿐만 아니라 명제를 구축하는 여러 역능, 여러 작은 지적 기술로 구성되어 있다. 비록 그것들은 외부에서 왔지만 어떤 신비한 맥락에서 유래한 것이 아니다. 그것들 각각은 다소 어렵게 경험론적으로 추적할 수 있는 역사를 가지고 있다. 각각의 패치^{patch}는 그 형태, 비용, 순환을 계획할 수 있는 고유한 운송 수단을 가지고 온다"(RS 211~212). 정신은 뇌와 달리 몸 안에 있지 않다. 정신은 형성된 설정 전체에 분산되어 있다. 정신은 정신 주변을 돌며 순환하는 객체들의 역능에 기대고, 그것을 빌리며, 용도를 변경하고, 그것에 의해 가능화된다.

소프트웨어 전문 용어를 빌려 와서 라투르는 이러한

순환하는, 역능 강화 객체를 플러그인plug-in으로 기술한다. "당신이 **구독할 수 있고**, 그 자리에서 다운로드하여 국소적이고 잠정적으로 유용한 것이 될 수 있는 플러그인이 순환하고 있다"(RS 210). 이러한 플러그인 각각에는 고유한 역사가 있으며, 이러한 역사 각각은 다양한 정도의 지속과 강도로 사용, 동원, 폐기되면서 당신 이야기의 일부를 형성하고 덮어쓴다. 아버지의 망치, 이웃의 치즈케이크 조리법, 어머니의 노란색 선호도, 스파이더맨에 대한 형제의 생각, 아들의 계단 내려가는 방식, 할아버지의 곱슬머리 등 빌려와 사용한 이 객체들이 나를 횡단하고, 나를 가능하게 만들며, 나를 구성한다. 그것들은 나를 구속하고 나에게 저항하며 세계를 내게 이용 가능한 것으로 만든다.

종교는 떠나기를 거부하며 기도뿐만 아니라 가족력을 실천한다. 일상적 객체들의 순환이 영으로서 뚜렷해질 때, 그 객체들을 따라가는 ─ 그리고 나를 표시하는 ─ 역사 또한 뚜렷해진다. "만약 당신이 당신의 개성 각각의 기원을 탐구하기 시작한다면, 당신이 대체로 잊고 있었던 많은 장소·사람·시간·사건을 돌아보게 만드는, 중심에서 여러 방향으로 뻗어나가는 별 모양을 여기서 다시 전개하지 않을 수가 있겠는가? 이 목소리의 어조, 이 특이한 표정, 이 손짓, 이 걸음걸이, 이 자세, 이것들 또한 추적할 수 있지 않은가?"(RS 209). 이 몸짓들은 빌린 은혜가 아닌가? 다른 장소, 다른 정신, 다른 손에서 영이 그것들을 통해 빛나지 않는가? 거울을 볼 때 누구를 보는가? 우리의 해방은 이렇게 도입된 객체들의 운명과 얽혀 있다. 우리는 그것들 없이는 구원받을 수 없으며 그것들도 우리 없이는 구원받을 수 없는데, 왜냐하면 그것들이 우리를 구성하는 소재들이기 때문이다.

그런데 이 점을 간과하고 대신 자급자족을 가장하는 것은 유혹적이다. 우리가 가장 많이 의존하는 플러그인, 가장 일반적으로 사용하는 객체, 즉 우리의 일상이 가진 무게를 견디는 객체는 가장 매끄럽게 마모되는 경향이 있다. 그런 객체는 그것의 이용 가능성으로 투명하게 물러난다. 이러한 일상적 객체들은 클리셰[진부한 것]cliché이다. 그것들은 텅 빈 것처럼 보이지만 가볍고 유연하며 튼튼하다. 우리는 그것들의 비가시적 은혜에 의존한다. 종교는 그것들을 돌봄으로써 스스로가 클리셰의 사업을 하고 있다고 선언한다. 종교에 관해 이보다 더 명백한 것이 있을까? 지루함의 막이 아무리 견고해도, 그 자리를 떠나지 않고 기도하기로 결심하며 의자에 앉았던 적이 마지막으로 언제였는가? 종교는 클리셰의 엄격한 실천이다. 우리의 역능은, 얼마나 이국적이든, 그것들에 의존한다. "영화, 반려, 상황, 정치적 입장에 관해 의견을 말할 수 있는 역능을 갖추기까지, 순환하는 클리셰를 얼마나 많이 흡수해야 할까?"(RS 209). 얼마나 많은 진부한 설교를 들어야만, 지루함에 지쳐서 도망치고 싶은 의지가 주의를 모으는 끊임없는 아멘을 통해 꺾이고, 놀랍게도 동료 회중의 맨손을 흔들고 있는 자신을 발견하게 될까? 너무 좁은 상자에서 벗어나 분산된 당신은 신비 속으로 배출된다. 여기서 당신은 이렇게 말할 수 있을지도 모른다 : "나는 사태가 어떻게 돌아가는지 모른다. 나는 내가 누구인지, 내가 무엇을 원하는지 알지 못하지만, 타자들은 나를 대신해서 안다고 말하고, 나를 정의하고, 연결하며, 말하게 하고, 내 말을 해석하며, 나를 영입한다. 내가 폭풍이든, 쥐든, 호수든, 사자이든, 어린아이든, 노동자든, 유전자든, 노예든, 무의식이든, 바이러스든, 그들은 나에게 속삭이고, 제시하며, 내가 무엇이고 무엇이 될 수 있는지에 대한 해석을 부여한다"(PF 192). 그러한 상태에서 클리셰는 눈에 띄기에 충분한 저항을 회복했다. 당신은 더는 클리셰가 무엇을 의미하는지 확신하지 못하지만, 대신 처음으로 클리셰의 목소리를 듣는다.

40

현전

이것은 당신 할머니의 종교이기도 하고 아니기도 하다. 나이와 관계없이, 클리셰를 실천하는 작업 자체는 설령 클리셰가 다르더라도 동일하다. 무릎을 꿇고, 의자에 앉아, 산 정상에서 "우리는 다른 사람들 사이에서 일어나는 경험의 변화를 겪고 있을 뿐만 아니라 경험의 맥박과 박자의 변화를 겪고 있다"(TF 29). 시간과 장소에 따라 다른 객체들이 순환하지만, 종교의 어조와 박자는 동일하게 유지된다. 종교는 언제나 일상적이고, 주의적이며, 동시대적이다.

언제나 그랬던 것을 실천하면 종교는 낯익게 느껴진다. 영은 기이하게 자연스럽다. 아마도 이것이 라투르가 "나는 종교를, 초월과 '기분 좋은' 내적 감상에 특화된 말도 안 되는 형태로 빈곤하게 만드는, 이런 종류의 위선적 관용보다는 순수한 자연주의적 설명이 항상 더 편안하게 느껴진다"라고 말하는 이유이다(TF 34). 성상파괴론자와 우상숭배자 모두 자신들의 대중 심리학과 공상과학 사색을 혼자만의 공간에 담아두어도 좋다. 교회는 영화관이 아니며, 성유물함도 아니다. 교회는 오락, 판타지, 향수를 밀거래하지 않는다. "내가 다시 현재로 번역하고자 하는 전통에서 종교는 주체성이나 초월, 비합리성과는 아무런 관련이 없으며, 그것에 필요한 마지막 요소는 과학의 진실하지만 건조한 사실에 기묘한 종교적 느낌이 제공하는 깊고 매력적인 '영혼의 보충물'을 추가하려는 열린 마음을 소유한 너그러운 지성을 감내할 힘이다"(TF 34~35). 과학의 객체는 명백하지 않고 건조하지도 않으며, 영은 무심한, 객체-없는 우주에 대한 경건하고 가설적인 보충물에 지나지 않는다. 라투르에게 "종교 일반은 오래 지속되는 실체에 관한 것이 아니며," 그는 "종교는 내세에 대한 꿈과 관련이 있다"라는 착상을 재미있어한다(TS 231). 종교의 요점은 깨어나는 것이다. "다른 세계로 가려는 꿈은 그저 꿈일 뿐이며, 어쩌면 깊은 죄악일 수도 있다"(WS 473).

라투르의 설명에 따르면, 종교적 역량에 대한 시험은 명확하다. "당신이 종교에 관해 들을 때, 벗어나 있는 것, 위에 있는 것, 초자연적인 것, 무한한 것, 머나먼 것, 초월적인 것, 신비한 것, 안개 낀 것, 숭고한 것, 영원한 것에 당신의 주의를 기울인다면, 당신은 종교적 연설이 당신을 참여시키려는 것에 민감해지기 시작하지도 않았을 가능성이 있다"(TF 32). 종교는 당신에게 보험을 판매하거나 당신이 이미 알지 못하는 것을 알려주는 데 관심이 없다. 종교는 당신을 가르치거나 정보를 제공하고 싶어 하지 않는다. 종교는 당신을 변화시키고 싶어 한다. 종교는 이미 당신을 힘들게 하고 있는 지나가는 세계에 당신이 민감해지게끔 만들고자 한다. "정보*in-*formation 연설과 변형*trans-*formation 연설은 별개"이며 종교는 전자가 아닌 후자에 관한 것이다(TF 29). 종교적 연설의 경우, "당신은 그것이 마치 메시지를 전송하는 무언가인 것처럼 해독하려고 시도하는 것이 아니라 메시지 전달자 자체를 변형시킨 무언가인 것처럼 해독하려고 시도한다"(TF 29). 영의 속삭임을 듣는 것은 연인의 목소리를 듣는 것과 같다. "가령 사랑-연설을 들었을 때 당신에게는 무슨 일이 일어날까? 아주 간단하게 말하자면, 멀어짐으로써 이제 더 가까워졌다"(TF 30). 종교적인 연설을 들으면 무슨 일이 일어날까? 간단히 말해서, 멀리 떨어짐으로써 이제 더 가까워졌다. "'가까이'라는 단어가 지금의 공간을 거주하는 다양한 방식을 포착하는 것과 마찬가지로, '현재'라는 단어는 당신에게 일어나는 일, 즉 당신이 새롭게 현재하고 다시 현재하는 것을 포착하는 지금 가장 좋은 방식인 것처럼 보인다"(TF 30). 기도는 당신이 지금 있는 곳에 당신이 도착하여 그 자리의 은혜를 인지하고 선조 아브라함처럼 "내가 여기 있나이다"라고 말할 때까지 몇 번이고 당신을 제자리로 돌려놓는다. 현재로 후송됨으로써 당신은 다시 태어난다.

줄기를 따라가다 보면, 당신은 당신 안에서 순환하는 객체와 당신을 가로질러 순환하는 인격 모두의 현전을 우연히 마주치게 된다. 이전에는 무심했던 구경꾼들이 이제는 눈에 띄게 가까이 있는 이웃으로 승화된다. "가장 급진적인 현전에서의 현세적인 것, 즉 지금 여기서, 무심한 타자를 가까운 이웃으로, 곁으로, 동료로 변형하는 데 관심을 두는 사람으로 변형된 당신에게 접근하려는 것이 바로 종교이다"(WS 464~465). 라투르에게 이것은 종교의 핵심이다. 종교는 일상적인 것에 주목함으로써 "현전하는 인격을 수행한다"(TS 216). 연인, 적, 이웃, 이방인, 자녀가 현현하면, 이 현재화 일반에 대한 명칭으로서 신의 이름을 빌려야 할 수도 있다. 그렇게 명명하자면, "신의 이름은 또 다른 매개, 즉 현재하는 것, 다시 새롭게 현재하는 것을 말하는 또 다른 방식이다"(HI 434). 그리고 그렇게 명명하자면, 이에 대한 답변으로서 당신은 천사들의 목소리를 더 선명하게 들을 수 있다. "천사들은 시공간을 통해 역변될 수 없는 메시지를 전송하는 것이 아니라, 사람들을 부르며 다음과 같이 계속 말하는 것이다 : '조심하세요! 주의하세요! 그는 여기 없어요! 그게 문제가 아니에요! 당신이 바로 그 문제예요! 누군가 당신에게 말을 걸 거예요! 끊지 마세요!' "(TS 225). 기도는 천사의 부름과 신의 고요함에 응답하여 끊지 않는 관조적 실천이다.

41

결론

작업과 고난은 은혜의 두 얼굴이다. 이것은 우리가 듣고 싶은 말은 아닐지도 모르지만, 이것이야말로 세계가 제공해야 하는 것이다. 볼 수 있는 눈과 앉을 수 있는 인내심을 가진 사람이라면 그것으로 충분하다. 우리는 저항과 이용 가능성으로 우리에게 은혜를 베푸는 객체들로 구성되어 있으며, 우리도 차례로 동일한 것을 제공한다. 이 설명에 따르면, 신 자신이 송두리째 은혜에 내맡겨져 저항하고 수용하며, 이용하고 또 이용가능하게 만든다. 신은 여러 객체들 중의 하나로서 일[작업]하고 기도하면서 나날이 우리의 일상적 약함과 더불어 현존한다. 그런 신은 마법은 아닐 것이다. 하지만 실재적일 수는 있다. 신에 충실하고 또 신 자신이 배양하는 은혜에 충실하면서, 우리는 "종교가 초월, 위에서 떨어지는 영에 관한 것이 아니라 내재에 관한 것임을, 이 내재에 부활이, 이 내재를 다시 새롭게 하기가 덧붙여진다는 것"(TS 219)을 인지한다. 이 내재는 주어진다. 하지만 그것을 가시화하기 위해서는 그것에 우리의 아멘을 추가해야 한다. 라투르가 말하기를, 이 메시지를 "이해하는 것"은 "또 다른 메시지 전달자를 보내는 것이다"(TS 225). 그리고 우리 자신의 아멘에 대해서도 우리는 언제나 또 다른 아멘을 추가해야 한다. 우리는 기도, 인격화, 현전화와 같은 클리셰를 충실하게 실천해야 한다. "우리가 보기 시작한 것처럼, 종교적 연설은 현재하는 것 이외의 다른 것에 관한 것일 수 없다. 그것은 과거나 미래에 관한 것이 아니라 현재에 관한 것이다. 그것은 우리가 더는 목표, 머나먼 곳, 새로운 정보, 강한 관심사를 추구하지 않을 때 말하기 시작한다. 마치 모든 것이 훨씬 더 강한 종류의 긴박함으로 대체된 것처럼, 그것은 지금에 관해, 우리에 관해, 나중이 아닌 지금을 위한 최종 달성에 관해 말한다"(TS 232).

:: 참고문헌

Badiou, Alain. *Being and Event*. Translated by Oliver Feltham. New York : Continuum, 2005. [알랭 바디우, 『존재와 사건』, 조형준 옮김, 새물결, 2013.]

Bogost, Ian. *Alien Phenomenology, or What It's Like to Be a Thing*. Minneapolis : University of Minnesota Press, 2012. [이언 보고스트, 『에일리언 현상학, 혹은 사물의 경험은 어떠한 것인가』, 김효진 옮김, 갈무리, 2022.]

Bryant, Levi. *The Democracy of Objects*. Ann Arbor, Mich. : Open Humanities Press, 2011. [레비 R. 브라이언트, 『객체들의 민주주의』, 김효진 옮김, 갈무리, 2021.]

Gould, Stephen Jay. *The Structure of Evolutionary Theory*. Cambridge, Mass. : Harvard University Press, 2002.

Harman, Graham. *The Quadruple Object*. New York : Zero Books, 2011. [그레이엄 하먼, 『쿼드러플 오브젝트』, 주대중 옮김, 현실문화, 2019.]

_____. *Tool-Being : Heidegger and the Metaphysics of Objects*. Peru, Ill. : Open Court Publishing, 2002.

Heidegger, Martin. *Being and Time*. Translated by John Macquarrie and Edward Robinson. San Francisco : HarperCollins, 1962. [마르틴 하이데거, 『존재와 시간』, 전양범 옮김, 동서문화사, 2015.]

Latour, Bruno. "How to Be Iconophilic in Art, Science and Religion?" In *Picturing Science, Producing Art*. Edited by Caroline A. Jones and Peter Galison. New York : Routledge, 1998.

_____. "Morality and Technology : The End of the Means." Translated by Couze Venn. *Theory, Culture & Society* 19, No. 5/6 (2002) : 247~60.

_____. *Pandora's Hope : Essays on the Reality of Science Studies*. Cambridge, Mass. : Harvard University Press, 1999. [브뤼노 라투르, 『판도라의 희망 : 과학기술학의 참모습에 관한 에세이』, 장하원·홍성욱 옮김, 휴머니스트, 2018.]

_____. *The Pasteurization of France*. Translated by Alan Sheridan and John Law. Cambridge, Mass. : Harvard University Press, 1988.

_____. *Politics of Nature : How to Bring the Sciences into Democracy*. Translated by Catherine Porter. Cambridge, Mass. : Harvard University Press, 2004.

_____. *Reassembling the Social : An Introduction to Actor-Network-Theory*. New York : Oxford University Press, 2005.

_____. *Science in Action : How to Follow Scientists and Engineers through Society*. Cambridge, Mass. : Harvard University Press, 1987. [브뤼노 라투르, 『젊은 과학의 전선 : 테크노사이언스와 행위자-연결망의 구축』, 황희숙 옮김, 아카넷, 2016.]

_____. " 'Thou Shall Not Freeze-Frame' or How Not to Misunderstand the Science and Religion Debate." In *Science, Religion, and the Human Experience*. Edited by James D. Proctor. New York : Oxford University Press, 2005.

_____. " 'Thou Shalt Not Take the Lord's Name in Vain' : Being a Sort of Sermon on the Hesitations in Religious Speech." *RES : Anthropology and Aesthetics*, No. 39 (Spring 2001) : 215~34.

_____. "What If We *Talked* Politics a Little?" *Contemporary Political Theory* 2, No. 2 (2003) : 143~64.

_____. *We Have Never Been Modern*. Translated by Catherine Porter. Cambridge, Mass. : Harvard University Press, 1993. [브뤼노 라투르, 『우리는 결코 근대인이었던 적이 없다』, 홍철기 옮김, 갈무리, 2009.]

_____. "What Is Given in Experience?" *Boundary 2* 32, No. 1 (Spring 2005) : 222~37.

_____. "Will Non-Humans Be Saved? An Argument in Ecotheology." *Journal of the Royal Anthropological Institute* 15 (2009) : 459~75.

Morton, Timothy. *The Ecological Thought*. Cambridge, Mass. : Harvard University Press, 2010.